BEITRÄGE

AKADEMIE FÜR RAUMFORSCHUNG UND LANDESPLANUNG

Band 103

Karl-Hermann Hübler

Raumordnungspolitik und Wertewandel

Überlegungen zur Fortentwicklung der Raumordnungspolitik

CURT R. VINCENTZ VERLAG HANNOVER 1987

CIP-Kurztitelaufnahme der Deutschen Bibliothek

Hübler, Karl-Hermann:

Raumordnungspolitik und Wertewandel: Überlegungen zur Fortentwicklung der Raumordnungspolitik.- Hannover: Vincentz, 1987.

    (Veröffentlichungen der Akademie für Raumforschung und Landesplanung: Beitr.; Bd. 103)
    ISBN 3-87870-914-5

NE: Akademie für Raumforschung und Landesplanung (Hannover): Veröffentlichungen der Akademie für Raumforschung und Landesplanung/Beiträge

Zu dem Autor dieses Bandes

Prof. Dr. agr. Karl-Hermann Hübler
Institut für Landschaftsökonomie
Technische Universität Berlin
Franklinstraße 28/29 II
1000 Berlin 10

Best.-Nr. 914
ISBN-3-87870-914-5
ISSN 0587-2642

Zusammenfassung

Die Arbeit gliedert sich in 6 Abschnitte.

In der Einleitung (1) wird der Zweck der Untersuchung dargestellt.

In Abschnitt 2 erfolgt eine Darstellung des Verhältnisses zwischen den Aufgaben der räumlichen Planung in der Bundesrepublik
Deutschland und dem Wertewandel.

Im Abschnitt 3 werden nach der Definition der in der Sozialfor-
schung zum Wertewandel gebrauchten Begriffe einige Hinweise zu
heute allgemein gültigen Werten wie Rationalität, Arbeit und
Leistung und Konsum gegeben. Anschließend werden die Ursachen
des Wertewandels erklärt und an Hand der ausgewerteten Untersuchungen wird der Versuch unternommen, den Umfang dieses Wandels
näher zu beschreiben. Der Abschnitt 3 wird mit 10 Thesen abge-
schlossen: die für die Raumordnungspolitik wichtigen Ergebnisse
der Wertewandelforschung.

Im Abschnitt 4 werden die die Raumordnungspolitik bestimmenden
Werte, die vor allem durch das SARO-Gutachten 1961 formuliert
und später in das Raumordnungsgesetz übernommen werden, dargestellt (Leitbild der Raumordnung); sie werden aus heutiger
Sicht kritisch beurteilt.

In einem weiteren Abschnitt (5) werden ausgewählte Aspekte der
aktuellen Wertediskussion im Hinblick auf das Festhalten der
Raumordnung an z.T. überholten Werten diskutiert und Linien für
die Fortentwicklung der für die Raum- und Siedlungsstruktur
bedeutsamen Wertdimensionen aufgezeigt.

Der Schlußabschnitt (6) schließlich enthält Anregungen zur
Fortentwicklung des Selbstverständnisses der Raumplanung sowie
Vorschläge zur Neuformulierung der §§ 1 und 2 ROG (Ziele und
Grundsätze der Raumordnung: Leitbild der Raumordnung).

Inhaltsverzeichnis

Verzeichnis der Übersichten

Verzeichnis der Abkürzungen

BLFR	Bundesforschungsanstalt für Landeskunde und Raumordnung, Bonn
BMBAU	Bundesministerium für Raumordnung, Bauwesen und Städtebau
BMFT	Bundesministerium für Forschung und Technologie
BMI	Bundesministerium des Innern
BMWi	Bundesministerium für Wirtschaft
BROP	Bundesraumordnungsprogramm
BT	Deutscher Bundestag
BVerVG	Bundesverfassungsgericht
BVerWG	Bundesverwaltungsgericht
GG	Grundgesetz für die Bundesrepublik Deutschland
EVU	Energieversorgungsunternehmen
LET	Arbeitsgruppe LET (Langfristig raumrelevante Entwicklungstendenzen), Zürich
MKRO	Ministerkonferenz für Raumordnung
ORL-Institut	Institut für Orts-, Regional- und Landesplanung der Eidgenössischen Technischen Hochschule Zürich
ROG	Raumordnungsgesetz des Bundes vom 8.4.1965
SARO-Gutachten	Gutachten des Sachverständigenausschusses: Die Raumordnung der Bundesrepublik Deutschland

1. **Einleitung**

In einer Vielzahl von wissenschaftlichen Untersuchungen und amtlichen Aussagen zur Raumplanung in der Bundesrepublik, in denen vergangene räumlich-strukturelle Entwicklungen analysiert und/oder mögliche Entwicklungen beschrieben werden, fällt in den letzten Jahren zunehmend auch als eine raumbestimmende und -verändernde Größe der Begriff des Wertewandels auf.

H. Afheldt (1984) nennt drei Bereiche, die den Strukturwandel - und - damit auch die Raum- und Siedlungsstruktur - maßgeblich beeinflussen werden:
- den Wertewandel,
- den technologischen Wandel und
- die Entwicklung in der internationalen Arbeitsteilung.

Während seitens der Raumforschung und der amtlichen Raumplanung den Problemen der technologischen Entwicklungen und den möglichen Folgen für die Raum- und Siedlungsstruktur große Aufmerksamkeit geschenkt wurde, haben die Probleme des Wertewandels bisher kaum Beachtung gefunden.

Mit dieser Studie ist beabsichtigt,
- die für die Raumplanung der Bundesrepublik Deutschland relevanten Ergebnisse vor allem des in den Sozialwissenschaften diskutierten und z.T. empirisch belegten Wertewandels aufzuarbeiten,
- zu überprüfen, von welchen Wertvorstellungen die deutsche Raumplanung in der Vergangenheit bestimmt und geprägt wurde und welche Werte den heutigen planerischen Festlegungen zugrundeliegen und
- die Veränderungsnotwendigkeiten bei den Zielen, Grundsätzen und Instumenten der räumlichen Planung aufzuzeigen und diese zu begründen.

Eine solche Vorgehensweise impliziert, daß ein Wertewandel stattgefunden hat und stattfindet und nimmt ein Ergebnis der Studie vorweg.

Dies scheint methodisch plausibel, weil in dieser Pilot-Studie keine eigenen empirischen Untersuchungen durchgeführt, sondern im wesentlichen eine Auswertung bereits vorliegender Untersuchungen und eine Bewertung im Hinblick auf ihre Raumrelevanz vorgenommen wurde.

Die Suche nach den Beziehungen zwischen Werten und den realen Planungen und Maßnahmen, also auch zwischen Verhaltensweisen und den realen Bedingungen, kann immer nur mit dem Ergebnis einer Momentaufnahme bestimmter Trends beendet werden.

Unser Verhalten verändert die Umwelt und den Raum; veränderte Verhältnisse führen wiederum zu veränderten Verhalten. Insofern ist die nachfolgende Zusamenstellung einiger ausgewählter Aspekte zum Wertewandel als eine in hohem Maß subjektiv zu nennender Versuch zu bezeichnen. Dies umso mehr, weil zwar die Literatur zum Thema Wertewandel beinahe unübersehbar ist; umso weniger sind die möglichen Folgen des Wertewandels für die Raum- und Siedlungsstruktur bisher untersucht. In vielen Veröffentlichungen, die sich mit möglichen zukünftigen räumlichen Entwicklungen befassen, wird der Wertewandel als eine zentrale Determinante bezeichnet; nur in Einzelfällen, und oft auf spezifische ausgewählte Fragestellungen reduziert, werden Antworten versucht.

Die hier zusammengestellten Vorschläge sollen der weiteren Diskussion zur Fortentwicklung der Raumplanung in der Bundesrepublik Deutschland dienen und darüber hinaus Probleme benennen, die vertiefend der Erforschung bedürfen.

Zahlreiche Diskussionen mit Politikern, Planungspraktikern und Studenten, die im einzelnen nicht immer zu belegen sind, haben einen Teil der Aussagen mit beeinflußt. Die Ergebnisse der Studie sollen deshalb vor allem auch als Anregung für die Praxis dienen.

2. Zum Verhältnis von Werten und räumlicher Planung

Die Nutzung des Raumes durch den Menschen wird bestimmt
- durch die natürlichen Gegebenheiten (Klima, Boden, Topographie u.a.) und
- durch die jeweiligen politischen, ökonomischen, kulturellen und sozialen (gesellschaftlichen) Bedingungen.

Die zuletzt genannten Bedingungen werden wiederum in starkem Maße durch Werthaltungen beeinflußt, die in der für die jeweils den Raum nutzende Gesellschaft und für ihre Individuen prägend sind. Diese Werthaltungen fließen in den täglichen und langfristigen Haltungen und Handlungen von Individuen und Gruppen sowie den Entscheidungen und Handlungen staatlicher Organisationen ein und bestimmen somit auch unmittelbar und mittelbar das Verhältnis dieser zum Raum (und zur Natur); sie sind raumbedeutsam und/oder raumwirksam.

Für die Raum- und Siedlungsstruktur besonders relevant sind demnach Werthaltungen, die vor allem
- das generative Verhalten,
- den Bereich des Wohnens,
- den Bereich des Arbeitens,
- den Bereich der Freizeit,
- den Bereich der Kommunikation
- den Bereich der Bildung und Fortildung und
- dem Umgang mit der Fläche, dem Boden und den Naturgütern
betreffen. Darüberhinaus sind weitere Komplexe individueller und gesellschaftlicher Verhaltensweisen wichtig, die im allgemeinen das Mensch-Natur(Raum)-Verhältnis betreffen. Der sichtbare Wandel der Raum-, Siedlungs- und Landschaftsstruktur ist nur ein äußeres Anzeichen von Veränderungen auch der Sozialstrukturen (Plank, 1986, S. 29), induziert durch wirtschaftliches Wachstum, technischen Fortschritt und z.T. durch politische/rechtliche Einflußmaßnahmen. Freilich hätten sich diese

Veränderungen nicht vollziehen können, wenn nicht neue Werteänderungen und Bedürfnisse die Orientierung und das Verhalten des
Einzelnen und von Gruppen zugleich oder zeitverschoben geändert
hätte.

Aufgabe der staatlich und kommunal verfaßten Raumplanung[1] ist
es nun, die Nutzung des Raumes nach bestimmten Ordnungsvorstellungen (Raumordnung) zu organisieren. Mittel für diese Organisation sind der Plan oder das Programm sowie andere Verfahren
(Koordination aller anderen staatlichen und privaten raumwirksamen Planungen und Maßnahmen, Raumordnungsverfahren u.a.).

Dies setzt konkrete Ordnungsvorstellungen - wie Leitbilder,
Ziele oder Grundsätze - voraus, nach denen diese Ordnung im
allgemeinen (z.B. in Form von langfristigen Plänen oder Programmen) und im besonderen (z.B. bei Entscheidungen, Genehmi-
gungen und bei der Beratung über einzelne Objekte) erfolgen
soll. Daraus ergibt sich, daß solche Ordnungsvorstellungen wiederum durch Werthaltungen derer bestimmt werden, die diese Ord-
nungsmaßstäbe beschreiben oder definieren oder sie für verbindlich erklären oder mit ihnen arbeiten, sie implementieren.

Nun ist die Frage, welche Funktionen solche Ziele, Grundsätze,
Werthaltungen oder Leitbilder im konkreten Planungsfall haben
sollen, umstritten. Deren Bedeutung hängt u.a. mit der Beantwortung der Frage zusammen, welche Aufgabe die Raumplanung in
einem Gesellschafts- und Ordnungssystem wie der Bundesrepublik
Deutschland haben soll und wie Planung verstanden wird? Darauf
wird später noch einzugehen sein.

---

[1] Bereits hier stellt sich die Frage, ob wegen des
Wertewandels andere Organisationsstrukturen (z.B.
Mitwirkung oder Trägerschaft von unmittelbar
Beteiligten) erforderlich werden? Auf sie wird später
eingegangen.

In der Theorie lassen sich vom Prinzip her zwei grundsätzlich verschiedenen Positionen hinsichtlich der Verwendung von Zielen, Leitbildern unterscheiden; in der Planungspraxis hingegen gibt es im Regelfall ein mixtum compositum, wobei der Schwerpunkt sich durchaus einer der beiden Extrempositionen annähern kann.

Diese beiden Positionen werden umschrieben mit den angelsächsischen Begriffen
- comprehensive planning (= eine umfassende Planung, die von einer gedachten Idealvorstellung (z.B. durch Leitbilder, Zielsystem) auszugehen hat) (vgl. E. Dittrich, 1958, 1962) und
- incrementale Planung (problemorientierte Planung, pragmatische Planung, Planung in kleinen Schritten) (vgl. Braybrooke, D., C. Lindblom, 1963; S. Mildner, 1978; G. Zipp, 1977; K.-H. Hübler, 1979; U. Brösse, 1982).

Unabhängig davon, welcher der Planungsansätze bevorzugt wird (in der Bundesrepublik ist ein Trend von der umfassenden Planung zur problemorientierten Vorgehendsweise zu beobachten, in Entwicklungsländern wird im Regelfall problemorientiert vorgegangen): das Vorhandensein von Zielen ist für die Planung allgemein und auch für die räumliche Planung eine konstituierende Voraussetzung, um überhaupt von Planung sprechen zu können. Wohl unterscheiden sich die Anforderungen an Ziele bei beiden Ansätzen hinsichtlich ihrer Ausformung, ihren Konkretisierungsgrad und ihrer Verbindlichkeit.

Da in demokratischen Staatssystemen solche Ordnungsvorstellungen vom Prinzip her nur dann für verbindlich erklärt werden können, wenn die begründete Vermutung oder das Wissen besteht, daß die durch diese Ordnung Betroffenen diese akzeptieren (und möglicherweise Vorteile für sie daraus erwachsen), ergibt sich die unmittelbare Interdependenz zwischen den Werthaltungen von

Individuen, Gruppen oder der Gesamtgesellschaft und Ordnungsvorstellungen, hier zur Raum- und Siedlungsstruktur.

Es soll schon hier darauf hingewiesen werden, daß solche Werthaltungen der Individuen oder von Gruppen sehr stark differie-
ren und vom Alter der Betroffenen, der jeweiligen sozialen und
ökonomischen Situation, ihrer Sozialisation und Gruppenzugehö-
rigkeit, ihrer Herkunft und landsmannschaftlichen Prägung u.a.
bestimmt sind. Es ist nun die Kunst jener, die solche Ordnungsvorstellungen zu formulieren haben, diese aus der Vielzahl von
Möglichkeiten auszuwählen, daß sie von der Mehrzahl der Betroffenen akzeptiert werden und auch Minderheiten solche Ordnungsvorstellungen nicht als Fesseln für ihre persönliche Entfaltung
oder als Zwang zur Änderung ihrer eigenen Werthaltungen erfahren.

Solche Ordnungsvorstellungen werden deshalb sehr allgemein formuliert. Diese allgemeinen Formulierungen werden oft als Leerformeln kritisiert; auch deshalb, weil mit der Zunahme der Abstraktion solcher Ordnungsvorstellungen ihr operativer Zweck in
Frage gestellt wird (Maßstab für konkrete Entscheidungen abzu-
geben). Die Planungs- und Entscheidungspraxis versucht dieses
Dilemma durch die Konkretisierung solcher allgemeinen Ordnungsvorstellungen in Form von konkreteren Zielen, Richtwerten oder
Standards zu lösen. Sie werden von den allgemeinen Wertvorstellungen abgeleitet. In ihr fließen wiederum die jeweils gängigen
Wertvorstellungen mit ein und dokumentieren somit auch einen
gewissen Wandel planerischer Ziele, Grundsätze und Schwerpunkte
im Zeitablauf im Rahmen der vorgegebenen allgemeinen Ordnungsvorstellungen. Gesetzgeber und Politiker wiederum versuchen
oft, solche Normen (natur)-wissenschaftlich begründen zu lassen, obwohl auch bei solchen Begründungen im Regelfall wieder
normative Elemente und letztlich Werturteile bestimmend wirken
(z.B. Grenzwerte im Umweltschutz).

Schließlich ist zu bedenken, daß auch die Methoden der (Raum)-Analyse und Planung und die Instrumente, die für die Planung und ihre Verwirklichung Anwendung finden, wiederum von den jeweils gängigen Wertvorstellungen bestimmt werden und dies beeinflußt wiederum die anwendungsorientierte Forschung: die Erkenntnisinteressen, und Methoden wandeln sich (meist nachvollziehend).

Die Schwierigkeit, die Bedeutung und Funktion von Zielen und Werten im konstitutiven System der Raumplanung zu analysieren, liegt auch darin, daß dieses System theoretisch stringent nicht begründbar ist. Nach wie vor kann von einer oder der Planungstheorie für die Raumplanung nicht gesprochen werden, sondern von einer Vielzahl von verschiedenen Ansätzen. In Anlehnung an Schelsky (1969) und Hansmeyer/Rürup (1975) können auch für die Raumplanung im Sinne einer Typologie 4 verschiedene Zugangsversuche zu dem Planungsbegriff unternommen werden:
1. Raumplanung als technische Planung,
2. Raumplanung als institutionelle (staatliche) Planung,
3. Raumplanung als historisch-politische Dimension oder
4. Raumplanung als systemare und/oder funktionale Aufgabe.

Sie läßt sich, eher disziplinorientiert, ableiten und begründen aus
- ökonomischen Entscheidungstheorien,
- aus systemtheoretischen Ansätzen,
- aus der (juristischen) Sozialstaatslehre und
- aus der politikwissenschaftlichen Regierungslehre.

Die Aussagesysteme und Erklärungen der heutigen Raumplanung sind vor allem in der unter Ziff. 1 genannten technischen Planung geprägt. Die Konzepte heutiger Raumplanung bei Bund, Ländern und auf der Regionalebene zeichnen sich in den Strategiezielen vor allem dadurch aus, zu versuchen, eine Übereinstimmung zwischen dem technisch Machbaren und dem politisch Erreichbaren herbeizuführen. Weitergehende Utopien oder Hypothesen, die auch zu einer bewußten Veränderung von räumlichen und damit auch gesellschaftlichen Strukturen führen könnten, sind nicht beabsichtigt. Die Zielsetzung der Raumplanung kann also auch so umschrieben werden, daß ohnehin im gesellschaftlichen und ökonomischen System vorhandene immanente Trendverläufe durch Raumplanung im Sinne bestimmter Leitbilder oder Wertvorstellungen über die "optimale" Besiedlung (und Nutzung) des Raumes (geringfügig) korrigiert werden sollen. Es ist nicht beabsichtigt, bestimmte, die Raum- und Siedlungsstruktur negativ beeinflussenden Trends zu verhindern oder neue Trends zu induzieren oder in Gang zu bringen. Dazu fehlen der Raumplanung auch die erforderlichen Instrumente.

In den letzten Jahren ist zudem zu beobachten, daß die historische Dimension in der Raumplanung partiell an Bedeutung zu gewinnen scheint. Der von Schelsky schon frühzeitig definierte Ansatz des system-funktionellen Planungsbegriffes ist von der Raumplanung bisher nicht aufgegriffen worden, obgleich Versuche dazu in benachbarten Bereichen einer sich etablierenden "ökologischen Planung" erprobt werden (z.B. Vester/von Hesler, 1976), die jedoch planungstheoretisch noch der Aufarbeitung bedürfen.

Generell leiden die Bemühungen um die Schaffung einer Planungstheorie für die Raumplanung daran, daß Planungstheorien vielfach vom Anspruch her in Anlehnung an das Verfahren naturwissenschaftlicher Erkenntnisfindung einen hohen Grad von Wissenschaftlichkeit, d.h. Objektivität beanspruchen. Deduktiv-empirische Theorien basieren formal auf einem logisch widerspruchsfreien in sich geschlossenen Aussagesystem, in dem zumeist von allgemeinen Hypothesen ausgegangen wird. Aus diesen werden Hypothesen mit geringerem Abstraktionsniveau abgeleitet, bis sie schließlich auf die Ebene konkreter Ziele, Normen, Standards oder Richtwerte deduziert und operationalisierbar, d.h. auch empirisch überprüfbar sind. Am Beispiel der Raumordnung soll das verdeutlicht werden.

Zur Begründung der Raumordnung in den 50er/60er Jahren, die zunächst mit dem Erlaß des ROG ihren vorläufigen Abschluß fand, bestanden als große lösungsbedürftige Probleme:

- das rasche Wachstum der großen Verdichtungsräume,
- die Modernisierung der Landwirtschaft mit erheblichen Freisetzungen von Arbeitskräften und Zunahme der
- räumlichen Mobilität,
- die Wanderung der zunächst oft in ländliche Gebiete eingewiesenen Vertriebenen und Flüchtlinge, vor allem in die Verdichtungsräume,
- sich abzeichnende Engpässe in Infrastruktursystemen vor allem durch gesteigerte Anforderungen (z.B. Motorisierung) und
- die sich abzeichnenden negativen gesellschaftlichen Auswirkungen der Verdichtungsprozesse in verschiedenen Teilräumen (vgl. dazu die Diskussion über Gebiete mit "ungesunden Lebensverhältnissen" im Vorfeld der Beschlußfassung über das ROG im Deutschen Bundestag) in den Jahren 1963 - 1965.

Die Diskussionen über die Installation eines Systems räumlicher Planung gingen deshalb von der abstrakten Hypothese (von einem Modell) einer "ausgeglichenen Raum- und Siedlungsstruktur" aus, die mit dem Instrumentarium der Raumplanung anzustreben sei (vgl. § 1 Abs. 1 ROG). Dieses Modell oder diese abstrakte Hypothese wurde in der Folgezeit konkretisiert und zu definieren versucht bis hin auf empirisch überprüfbare Normen oder Richtwerte, an denen gemessen werden kann, wieweit ein bestimmter Raum von diesem Modell wie abweicht (Bundesraumordnungsprogramm (BROP)1975, Beirat für Raumordnung, 1976)? Die Differenz zwischen Soll (Modell und Hypothese) und Ist (gemessen an bestimmten Indikatoren, die ja immer nur einen eng begrenzten Ausschnitt aus der jeweiligen gesellschaftlichen (und räumlichen) Realität anzeigen können, selbst wenn ein großes Bündel von verschiedenen Sachverhalten empirisch überprüft wird), verdeutlicht das Dilemma, dem die Planungstheorien nicht hinreichend Rechnung tragen.

Als Teil eines erfahrungswissenschaftlichen Bereiches unterliegt auch die Planungstheorie der grundsätzlichen Anforderung nach einer intersubjektiven Überprüfung ihrer Aussagen und Ergebnisse. Gegenüber naturwissenschaftlichen Experimenten sind aber die Möglichkeiten der empirischen Überprüfung begrenzt. So ist festzustellen, daß eine Beantwortung der Frage, wie sich die Raum- und Siedlungsstruktur in der Bundesrepublik Deutschland seit 1965 verändert hätte, wenn

- andere räumliche Entwicklungsziele formuliert worden wären,
- räumliche Planung überhaupt nicht installiert worden wäre oder
- das System der Raumplanung in anderer Weise installiert worden wäre (zentralistischer oder dezentraler)

kaum möglich ist und eine Bandbreite von Antworten zuläßt.

Demgegenüber ist feststellbar, daß auch die (raum)planungstheoretische Diskussion diese Fragen kaum aufgreift, sondern in gewisser Weise von der Annahme ausgeht, als sei die Plan- und Systemrationalität (gemeint ist zunächst das System der Raumplanung) mit der gesellschaftlichen Realität weitgehend identisch.

Ein wesentlicher Teil der das System der Raumplanung bestimmenden Hypothesen und Annahmen, die zu ihrer Etablierung herangezogen wurden, bleiben ausgeblendet, weil die Verkürzung des Rationalitätsbegriffes auf eine instrumentelle Rationalität zur Folge hat, daß die Diskussion von Planzielen aus dem Blickfeld geriet. "Das präventive Management krisenerzeugender Faktoren ließ die öffentliche Diskussion von planungsrelevanten Werten und Normen in den Hintergrund treten." (Ch. LAU, 1975, S. 26). Dieser Sachverhalt war z.B. deutlich bei den rund 6 Jahre dauernden Verhandlungen zwischen Bund und Ländern über das BROP zu beobachten.

So nimmt es nicht wunder, daß jene Arbeiten, die sich mit Raumplanungstheorien befassen, sich vor allem mit den entschei-

dungslogischen Strukturen und Abläufen befassen, denn mit den
Fragen der Überprüfung der generellen Hypothesen. So sind z.B.
weder aus der ökonomisch orientierten noch der rechtswissen-
schaftlichen oder soziologisch orientierten Wissenschaftsberei-
chen Versuche bekannt, eine empirische Überprüfung des § 1 Abs.
1 ROG zu versuchen. Was bedeutet es konkret, die freie Entfaltung der Persönlichkeit im Rahmen der Raumplanung zu fördern.
Wie hat die Raumplanung konkret auf die Umsetzung dieser Norm
gewirkt? Es liegen zwar allgemeine Interpretationen darüber
vor, was sein soll oder sollte (im Zuge der Gesetzesberatungen
in den 60iger Jahren), nicht aber - rund 20 Jahre nach Erlaß
des ROG - was daraus geworden ist (also ex-post Überprüfungen)?
Oder ist die Norm (oder Hypothese) von einer ausgewogenen räumlichen Struktur auch im Jahre 1990 oder 2000 (für diese Zeit-
räume soll ja geplant werden) als Hypothese noch plausibel und
anstrebenswert? Eine solche Überprüfung bei Rechtsvorschriften
und ihrer Einhaltung kann auch über die Gerichte erfolgen.
Festzustellen ist jedoch, daß eine inhaltlich-materielle Prüfung der in den Raumordnungsplänen oder -programmen formali-
sierten allgemeinen Ziele durch Verwaltungsgerichte nach wie
vor kaum erfolgt ist (vgl. Schulze, 1973; Sening, 1985), sondern sich solche Überprüfungen im Regelfall auf formal-rechtli-
che Aspekte oder Teilaspekte - z.B. die der Umweltverträglichkeit - beschränken.

Und selbst in neueren Arbeiten, in denen versucht wird, einen
Aspekt der Raumplanung - die Umwelt -, aufgrund der gravieren-
den Umweltschäden und der veränderten Wertehaltungen der Bevölkerung im Zusammenhang theoretisch in ein Konzept der Raumplanung zu integrieren (beispielhaft: Zimmermann/Nijkamp, 1986),
müssen - bei aller Vorsicht - als nicht generell weiterführend
eingeschätzt werden, weil sie im Prinzip von den alten Werten
und Methoden der Erkenntnisgewinnung ausgehen und das
Forschungsobjekt (hier Umwelt) letztlich als eine beliebig
gliederbare Materie zu handhaben versuchen und neue Erkenntnis-

se über die ökologischen Systemzusammenhänge außer Betracht lassen.

Zusammenfassend läßt sich feststellen, daß abgesehen von den 50iger/60iger Jahren, als im Zusammenhang mit der Vorbereitung des ROG Wertfragen sowohl von der Wissenschaft als auch im politischen Raum unter dem Begriff des "Leitbildes der Raumordnung" erörtert wurden, diese Sachverhalte in der Folgezeit kein wissenschaftliches und öffentliches (politisches) Interesse mehr fanden. Es schien ein allgemeiner Grundkonsens über dieses Leitbild zu bestehen. Gleichwohl besteht in neuerer Zeit vielerorts die Vermutung, daß der Wertewandel möglicherweise doch Auswirkungen auch auf die Ziele und Grundsätze, und damit auch auf Instrumente, Methoden und das Selbstverständnis der Raumplanung hat, die über bisher "übliche Veränderungs- und Modernisierungsnotwendigkeiten" hinausgehen.

3. Wertewandel

3.1 Begriffe, Definitionen

Im folgenden wird der Versuch unternommen, den Stand der allgemeinen Wertewandeldiskussion zusammenfassend darzustellen. Dies setzt zunächst die Erläuterung einiger Begriffe voraus.

Was sind Werte, was ist mit Wertewandel gemeint? Einige Hinweise zu den Definitionen:

"Werte, im soziologischen Sinne als Grundlage sozialer Normen, Standards, Leitbilder u.a. ist die von einer Gruppe, Schicht oder von allen Mitgliedern einer Gesellschaft geteilte Auffassung des Wünschenswerten, Erstrebenswerten, die die Auswahl unter möglichen Handlungsweisen, -mitteln und -zielen beeinflußt und beschränkt" (Hartfiel 1972).

M. Bartelt (1979) definiert Werte als Indikatoren für den sozialen Wandel und als Orientierungs- und Steuerungsinstrumente des Handelns des einzelnen und der Gesellschaft.

"Ein Wert soll heißen, etwas, was als gut gilt, was als wertvoll gilt, und was deshalb sein soll oder verwirklicht werden soll. Ein Wert ist eine Vorstellung von dem, was gut ist und sein sollte, der nicht nur einzelne Individuen beherrscht, sondern die von der Mehrheit oder von bedeutsamen Minderheiten der Gesellschaft geteilt wird."

Bartelt beschreibt Werte als Hinweistafeln oder Wegweiser und vertritt die Auffassung, daß die Diskussion über die Grundwerte (Freiheit, Gerechtigkeit, Solidarität) oft dann besonders intensiv geführt wird, wenn es darum geht, sich der Kontinuität und der Verläßlichkeit zu versichern und sich auf die "gute alte Zeit" einzuschwören. Bartelt meint nun zu beobachten, daß zwar über diese genannten Grundwerte von den Institutionen, welche "die gesellschaftliche Moral" verwalten (politische Parteien, Kirchen u.a.) weitgehender Konsens besteht, daß aber unterhalb dieser Ebene über jene Werte, die weniger offiziell definiert sind, aber dessenungeachtet eine große Bedeutung haben, der Dissens in unserer Gesellschaft offenkundig ist. Als solche Werte unterhalb dieser Grundwerte werden Werte wie Egoismus, Materialismus oder Utilitarismus (Nützlichkeitskalkül)

genannt und es wird geprüft, in welchem Verhältnis diese zu
konkreteren Werten wie Rationalität (Rationalisierung), Ar-
beit/Leistung und Befriedigung materieller Bedürfnisse (Konsum)
stehen.

Zusammenfassend läßt sich zur Definition des (sozialwissenschaftlichen) Wertbegriffs feststellen (und da gibt es in der
Literatur weitgehende Übereinstimmung), daß Werte also Maßstäbe, Orientierungsmarken oder Hinweistafeln sind, an denen
gemessen oder verglichen wird oder werden kann, und zwar das
Wünschens- und Erstrebenswerte für den einzelnen als auch für
Gruppen und Schichten der Gesellschaft insgesamt. Werte sind
nicht nur für den einzelnen Menschen bedeutsam, sondern sie
bilden auch eine Bedingung für das Zusammenleben mehrerer Menschen in bestimmten Systemen (Familie, Gruppe, Gesellschaft u.
dgl.).

E. E. Hirsch (1969) formuliert dies wie folgt:
   "In dieser Hinsicht kann von der unbestreitbaren Tatsache
   ausgegangen werden, daß in jeder Kollektiveinheit (Gruppe)
   Wertvorstellungen wirksam sind, welche - bald stärker, bald
   schwächer - das Verhalten der Gruppenmitglieder, ihr Tun und
   Lassen motiviert und ein für die Integration der Gruppe un-
   entbehrliches Ferment bilden."

Die Frage hingegen, was nun Grundwerte sind und welche anderen
Werte hingegen "nur" abgeleitet oder diesen Grundwerten unter-
oder zugeordnet werden, wird unterschiedlich beantwortet.

Wenn es zutrifft, daß Werte Maßstäbe sowohl für den einzelnen
aus auch für Gruppen der Gesellschaft sind, stellt sich die
Frage, was diese mit diesen Werten anfangen.

H. Klages (1981) unterscheidet drei verschiedene Funktionen:
   1. Sie ermöglichen dem Menschen eine sinnhafte Lebensführung,
      indem sie eine Auswahl und einen Ordnungsrahmen anbieten,
      "die aus dem Chaos der Möglichkeiten, das er in sich
      trägt, eine Leitlinie herauswachsen läßt." (KLAGES, S.
      362). Hierbei handelt es sich um "moralische" Leistungen
      (Orientierung an Werten) wie Selbstbeherrschung, Mut, As-
      kese, weiterhin um die Orientierung an sogenannte Kompe-

tenzwerten wie Arbeitsamkeit, Verantwortung, Leistungsfähigkeit oder Kreativität und die Orientierung an Werten,
die das Ausleben von Emotionen betreffen.

2. Werte sollen nach Klages ferner dazu beitragen, dem Menschen zu helfen, sich "als Person in dem sozialen Lebens-
zusammenhang zu stellen".

3. Schließlich sollten Werte die Funktion haben, den Menschen
in einen für ihn stimmigen Sinnzusammenhang zur Welt, d.h.
zu der von ihm erfahrbaren Wirklichkeit, zu bringen, zu
der er Meinungen entwickeln kann und muß.

Versuchen wir nun, die Zusammenhänge zwischen räumlicher Planung und dieser Werteproblematik darzustellen, so ist unschwer
zu erkennen, daß räumliche Planung auf den verschiedenen Ebenen
sowohl hinsichtlich der konkret zu verfolgenden (Planungs-)Zie-
le, der verwendeten wissenschaftlichen Methoden, der einzusetzenden Instrumente als auch der Umsetzung der Pläne in Handlungen von einzelnen oder von Gruppen von Werten bestimmt wird,
die zwar zum Teil gesetzlich normiert sind, aber wegen der abstrakten Formulierungen der Gesetze, Pläne und Programme den
Politikern und Planern einen großen Handlungs- und Entschei-
dungsspielraum in der Auswahl von Werten und der Bewertung von
Sachverhälten einräumen, der nur zum Teil (von der Öffentlichkeit) überprüfbar ist.

Die Tatsache, daß sich in der Gesellschaft der meisten Indu-
strieländer ein beachtlicher Wertewandel vollzieht, ist weitgehend unbestritten.[2] Ob dieser Wandel als Krise des Systems oder
der jeweiligen Gesellschaft bezeichnet werden soll, ist eine
Frage des Standpunktes bzw. der Definition. Sie soll hier nicht
vertieft werden.

Der Wertewandel steht in einem besonderem Verhältnis zu den
ökonomischen, sozialen und ökologischen Veränderungen. Einer-

---

[2] Damit sollen die beachtlichen Wertewandlungen in anderen
Ländern, z.B. in der 3. Welt, nicht in Frage gestellt
werden; sie können aber hier nicht weiter erörtert
werden.

seits ist dieser Wertewandel gleichsam die Folge auf die genannten Veränderungen; andererseits gehen von ihm selbst auch wieder Impulse, Maßstäbe oder auch Nachfrage für den künftigen ökonomischen, sozialen und ökologischen Wandel aus.

Um nun den Wandel der Werte beschreiben zu können, erscheint es zweckmäßig, einige jener Werte, die seinerzeit das industrielle Zeitalter oder die damalige Gesellschaft geprägt haben, etwas genauer zu analysieren. An diesen Analysen läßt sich der Wandel verdeutlichen. Es sollen drei sogenannte Grundwerte geprüft werden, die prägend für den Modernisierungsprozeß der Industriegesellschaft in Westeuropa waren:
- Rationalität und Rationalisierung,
- Arbeit bzw. Leistung,
- Konsum.

3.2 Zu den Begriffen "Rationalität und Rationalisierung"

Die "industrielle Revolution" wurde zwar zunächst als ein wertneutrales, den Persönlichkeitsbereich des Menschen nicht berührenden Prozeß verstanden. Gleichwohl führte sie zu schweren sozialen Friktionen; ein Großteil der Bevölkerung war im Verlauf dieser industriellen Revolution von den ökonomischen und sozialen Vorteilen ausgeschlossen. M. Weber stellte dazu fest, daß das calvinistische Ethos, das als "Minderheitswertkultur" bezeichnet wird, die Ursache der entsagungsreichen und ungeliebten Lebensform einer Mehrheit ist, die dieses Ethos nicht besitzt.

Die Disziplin- und Verzichtsleistungen, die der in den Industriebetrieben arbeitenden Bevölkerung abverlangt werden, sind mit den Beschränkungen des christlichen Zeitalters vergleichbar, mit der einen wesentlichen Einschränkung allerdings, "daß sie weder als soziale 'Standards' noch als persönliche Werte verhaltensbestimmend werden, sondern als das 'stahlharte Gehäu-

se' (Max Weber) unabweisbarer materieller Notwendigkeiten, denen man sich auf die Gefahr der 'Verelendung' hin beugen muß"
(H. KLAGES, 1981, S. 368).

In den protestantisch-puritanischen Gemeinden wurden die Gläu-
bigen gefordert, daß sie ihr persönliches Leben in Ordnung
brachten. Das hieß, daß man mit Geld, Zeit und anderen Ressourcen "rational" umzugehen hatte, d.h. überlegt und rechenhaft.
Sparsamer Umgang mit Zeit und Geld wurden selbstverständlich;
jeder plante individuell seine Zeiteinteilung. In den puritanischen Gemeinden wurde eingeübt, wie der Einzelne Aufwand und
Ergebnis, Mittel und Ziel des Wirtschaftens vergleicht und den
Gewinn berechnet.

Rechnen, Berechnen, Kalkulieren als Formen der Rationalität
sind Grundzüge jenes protestantischen Lebensstils. Voraussetzung dafür ist die Möglichkeit der Quantifizierung: Berechnen
kann man nur, was auf Quantitäten reduziert werden kann. Medium
der Quantifizierung wurde das Geld, mit dem ein vorher nicht
gekanntes Ausmaß an Verallgemeinerung und Abstraktion der Realität erreicht und zudem die scheinbare objektive Vergleichbar-
keit von vordem unvergleichbaren Sachverhalten möglich wurde.[3]

Im Bereich der Naturwissenschaft und Technik finden diese
Grundwerte der Rationalität hervorragende Anwendung. Diese ging
einher mit einem Wandel des menschlichen Naturverständnisses.
Natur ist, insbesondere seit Descartes und Francis Bacon, nicht
mehr eine Sphäre, in der man lebt, in der man geborgen ist und
gegen die man sich verteidigen muß. Natur wird ein Gegenstand,
dem man sich bemächtigt; sie wird Objekt. Der Mensch versteht

---

[3] Die "Krönung" dieses Vergleichens unvergleichbarer
Sachverhalte ist in den in den 50iger Jahren erfolgten
amtlichen Berechnungen des Bruttosozialproduktes zu
sehen, dessen sich auch die Raumplanung als einem
wesentlichen Maßstab und einer Zielgröße bediente, um
z.B. den Wohlstand von Regionen zu beschreiben oder zu
normieren. (vgl. Abschnitt 5.2.)

sich als Herr, der Herrschaft ausübt und als Besitzer, der das Eigentumsrecht auf die Natur anwendet. Die verdinglichende Besitzherrschaft über die Natur ist eine Voraussetzung dafür, daß die o.g. Form der Rationalität auf sie angewendet wird. Darüber hinausgehend beginnt der Mensch, sich nicht nur verfügend, beherrschend und zugreifend zur Natur zu verhalten, sondern er beginnt in großem Umfang, die Naturgesetze zu ergründen. Dies erfolgt im Regelfall in Form von Experimenten, einer speziellen, methodisch kontrollierten Form der Erfassung von natürlicher Umwelt, bei der die Realität im Regelfall nur ausschnittsweise wahrgenommen wird.

In dem Zusammenhang erscheint es wichtig, noch einen dritten Aspekt der Rationalität und Rationalisierung zu erwähnen: den von Verwaltung und Organisation. Die administrative Rationalisierung ermöglicht es dem Menschen, auch langfristig zu planen und Methoden und Instrumente hierfür zu entwickeln. Spezialisierte Formen des Wissens werden erforderlich. Um die Verwaltung rationaler im Sinne einer ökonomischen Effizienz zu machen, wird sie zunehmend zentralistisch und hierarchisch organisiert.

Bei einem Versuch, diese drei Aspekte von Rationalität - Rechnen, Berechnen, Umgang mit der Natur und Verwaltung und Effizienz - mit der inhaltlichen Situation der räumlichen Planung in der Bundesrepublik zu vergleichen, so ergeben sich schon von daher Ansatzpunkte der Kritik bzw. mindestens Fragen, die später wieder aufgegriffen werden sollen.

3.3 Arbeit und Leistung

Die Reformation hat im Hinblick auf den Wert von Arbeit bzw. Leistung entscheidende Veränderungen gegenüber früher erbracht. Zum ersten Male in der menschlichen Geschichte wurde Arbeit und besonders die berufliche Arbeit als Eigenwert betrachtet. Der Grundwert Arbeit wird nun verbunden mit dem zuvor genannten Grundwert der Rationalität. Arbeit kann berechnet werden, sie wird kalkulierbar, sie wird gemessen, normiert. Dieser Prozeß ermöglicht es, bestimmte Arbeitseinheiten mit Leistungen gleichzusetzen. Mit dieser Rationalisierung der Arbeit zur Leistung steigen die Anforderungen an die Arbeitsbereitschaft und -mentalität. Sobald Arbeit und Leistung zu einem sozialen und individuellen Wert geworden sind, setzt ein Prozeß der Disziplinierung ein, der in Westeuropa Jahrhunderte in Anspruch nahm. Rund vierhundert Jahre Selbstdisziplinierung mit der Arbeit haben in Westeuropa dazu geführt, daß die Menschen anstatt nur solange und soviel zu arbeiten, daß ihre Grundbedürfnisse erfüllt werden können - weitere Bedürfnisse kultivieren und die Mittel zur Erfüllung der neu entwickelten (und z.T. manipulierten) Bedürfnisse besorgen (M. Barthelt, 1979).

Erklärt werden kann dieser Prozeß auch damit, daß Arbeit und Leistung zum Wert werden. Schließlich ist darauf hinzuweisen, daß Leistung für den Einzelnen auch die Chance zur Emanzipation bieten kann.

3.4 Konsum

Ein dritter zentraler Grundwert, der sich derzeit verändert, ist der der Befriedigung wachsender Bedürfnisse. Erst das Wirksamwerden der zuvor genannten zwei Grundwerte macht die Ausweitung des Konsums möglich. Zuvor wirkten zwei Sachverhalte hemmend auf den Konsum: die Askese und die Sozialbindung des Konsums. Die Menschen der puritanischen Zeit waren verpflichtet auf einen einfachen, sparsamen und mit materiellen Gütern knapp umgehenden "asketischen" Lebensstil. Askese war auf vielfältige Weise religiös begründet und z.T. durch Kleider-, Speise-, Festordnungen u.a. normiert.

Erst zu Beginn des 20. Jahrhunderts ist eine Expansion des Konsums für breite Schichten der Bevölkerung in Gang gekommen. In Europa begann diese z.T. erst nach dem 2. Weltkrieg, die zudem durch vielerlei Instrumente zusätzlich unterstützt wurde (Werbung, Kreditwirtschaft u.a.).

Derzeit kann festgestellt werden, daß die beiden Grundwerte Arbeit und Leistung einerseits und Konsum andererseits enge Beziehungen zu einander aufweisen. Arbeit legitimiert Konsum und Konsum legitimiert Arbeit. Dieses Verhältnis ist ein spezifisches Wertelement westlicher Industriegesellschaften.

In der Diskussion über den Stellenwert dieser Grundwerte bei den Individuen und in der Gesellschaft gibt es unterschiedliche Bewertungen (zusammenfassend vgl. von RECUM, 1984). Vereinfacht dargestellt geht es um die Beantwortung der Frage, ob die traditionelle industriegesellschaftliche Orientierung, die auch mit den oben beschriebenen Grundwerten manifestiert wird, nach wie vor bestimmend ist oder ob postmaterielle, nicht-industrielle Wertvorstellungen und Lebensstile im Vordringen sind, die zu einer grundsätzlichen Veränderung der Wertsysteme führen?

> "Mittlerweile zeichnet sich mit wachsender Deutlichkeit ab, daß das Vordringen postmaterieller Wertvorstellungen weder eine kurzfristige Verhaltensänderung noch eine kurzlebige Mode- und Übergangserscheinung darstellt. Wenn auch bei der Jugend zweiellos die größte Zustimmungsbereitschaft zu postmateriellen Orientierungen besteht (sechs Prozent aller 15-30jährigen fühlen sich selbst als Teil der Alternativbewegung, 42 Prozent bringen ihr Sympathie entgegen (Sinus Institut, 1983), so läßt sich der industriegesellschaftlich postmaterialistische Wertekonflikt nicht auf den schlichten Nenner eines herkömmlichen Generationenkonfliktes bringen" (von RECUM, 1984)

Afheldt (1984) formuliert dies - als einen maßgeblichen Bestimmungsfaktor zur Strukturveränderung - wie folgt:

> "Anhaltender Wertewandel, der zwar nicht neu ist, aber eine Phase erreicht hat, in der er einer calvinistischer geprägten Industrieethik und -kultur zuwider zu laufen droht und eine Neuanpassung beider Welten, der "Haben-Welt" und der "Sein-Welt" erforderlich macht. Die Suche nach zeitgemäßer gesellschaftlicher Struktur (Verhältnis der Einzelnen zur heutigen

Gesellschaft und Umwelt) hat Rückwirkungen auf die wirtschaftliche Entwicklung"....

Und auf die heutigen Anforderungen an die Raum- und Siedlungsstruktur.

H. Lübbe (1984) meint demgegenüber, daß sich nicht so sehr die Wertmaßstäbe ändern oder geändert haben, sondern die Rahmenbedingungen für den einzelnen oder von Gruppen. Er bringt dazu folgendes Beispiel (S. 23/24):

> "Demoskopen berichten über Veränderungen kulturell herrschender Einstellung zur Berufs- und Arbeitswelt, und zwar mit Umfrageergebnissen, die zu bestätigen scheinen, was wir aus mannigfachen Alltagserfahrungen schon zu wissen glaubten: die Selbstverständlichkeit, mit der wir in unseren Lebensläufen und Lebensentscheidungen uns an den Anforderungen des Berufs- und Arbeitslebens ausrichten, schwächt sich ab. Exemplarisch heißt das: Die Mobilität, also die Bereitschaft, aus Berufskarrieregründen den Wohnort zu wechseln, ist geringer geworden. Zu Beginn der fünfziger Jahre waren noch fast ein Viertel der berufstätigen Männer bereit, aus Berufsgründen umzuziehen. Ein Vierteljahrhundert später, gegen Ende der siebziger Jahre, war der entsprechende Anteil auf weniger als ein Zehntel der Berufstätigen abgesunken. Es ist, in Orientierung an traditionellen Mustern der Beurteilung eines solchen Vorganges, naheliegend, sich dazu kulturkritisch zu verhalten und einen Verfall der Berufsmoral zu beklagen. Produktiver ist es, nach der Vernunft dieses zu fragen, das heißt zu unterstellen, daß es sich um rationale lebensbilanzorientierte Einstellungsänderungen handelt."

Lübbe stellt dann an einem Einzelfall dar, daß ein Angestellter, der aus beruflichen Gründen trotz eines um ein Drittel höheren Gehaltsangebotes einen Wohnortwechsel abgelehnt hat, weil die anderen Nachteile des Umzuges größer gewesen waren als die finanzielle Verbesserung. Lübbe schließt daraus (S. 25):

> "Es hat hier keineswegs ein Wertewandel stattgefunden. Hier ist nicht einer zum 'Postmaterialisten' geworden. Auch auf einen Zerfall des bürgerlichen Arbeitsethos läßt sich so ohne weiteres gar nicht schließen. Was hier vorgeht, sind Handlungskompetenzen, die sich ergeben, wenn gerade in Orientierung an durchaus traditionellen Wertvorstellungen sich die Feststellung nicht umgehen läßt, daß auf dem erreichten Einkommens- und Wohlfahrtsniveau die erreichbare zusätzliche Anhebung dieses Niveaus ungleich weniger wert ist als sie auf einem sehr viel niedrigerem Niveau gewesen wäre".

Lübbe führt dann den Begriff des Grenznutzens ein und erläutert an dem Beispiel, daß der nicht vollzogene Umzug "zweckrational" sei. M.E. widerspricht sich aber Lübbe mindestens in zweifacher Weise:

- in dem bei der Entscheidung des Nicht-Umziehens heute offensichtlich "postmaterielle" Aspekte bei der Abwägung ein höheres Gewicht erhalten, also in seinem Beispiel Lebenshaltungskosten, Gartenarbeit, Segelmöglichkeiten usw.;
- er unterstellt, daß postmaterielle Werte irrational (oder "schlecht") seien.

Abgesehen davon, daß es ohnehin problematisch ist, an Einzelfällen gesamtgesellschaftliche Veränderungsprozesse be- oder widerlegen zu wollen, zeigt Lübbe an vielen Stellen seiner lesenswerten Schrift, daß auch er erhebliche Änderungen in Werthaltungen feststellt, die er aber offensichtlich so nicht bezeichnet (z.B. Absinken des Maßes an Lebensfreude, die man aus der Berufsarbeit zu ziehen bekundet (S. 25)).

Wenn auch, wie die Argumentation von Lübbe zeigt, offensichtlich bei den Definitionen, und bei der Analyse der Ursache-Wirkungsbeziehungen unterschiedliche Einschätzungen vorliegen, so rechtfertigt doch der Stand der Kenntnisse und empirischen Untersuchungen, der nachfolgenden Feststellung zuzustimmen:

> "Die bisherigen Erfahrungen legen nahe, den Wertewandel als einen dauerhaften gesellschaftlichen Prozeß von grundsätzlicher Art und Wirkung zu begreifen, dessen kulturrevolutionäre Qualität nicht unterschätzt werden sollte." (Klages/Herbst, 1983)

Für die Jugend in der Bundesrepublik Deutschland stellt die Enquête-Kommission des Deutschen Bundestages "Jugendprotest im Demokratischen Staat" 1983 folgendes fest:

> "Einig war sich die Kommission darin, daß der Jugendprotest wesentlich als Reaktion auf ungelöste gesellschaftliche Probleme verstanden werden muß und nicht als klassischer Generationenkonflikt erklärt werden kann. Da der neue Protest Angehörige aller Generationen einbezieht, ist selbst die Bezeichnung 'Jugendprotest' fragwürdig. Alles deutet darauf hin, daß es sich bei der heutigen Protestbewegung um den Ausdruck eines tiefgreifenden Wandels von Auffassungen und Einstellungen in weiten, über die Jugendlichen hinausgehenden Teilen der Gesellschaft handelt" (S. 43)

Wenn diesem Befund zugestimmt werden kann, so stellen sich im

Hinblick auf die Zielsetzungen dieser Studie die folgenden Fragen:

1. Wie kann der Wertewandel erklärt werden?
2. Welches sind die neuen Werte?
3. Welche Folgerungen sind daraus im Hinblick auf die Raumordnungspolitik zu ziehen?

3.5 Wie kann der Wertewandel erklärt werden?

Ausgangspunkt vieler Untersuchungen und Überlegungen zum Wertewandel ist das Konzept des US-amerikanischen Politologen Ronald Inglehart von der "stillen Revolution", das er in den 60er Jahren entwickelt hat. In Anlehnung an die Maslowsche Theorie der Bedürfnishierarchie vertritt Inglehart die Auffassung, daß jeweils diejenigen Bedürfnisse am höchsten bewertet werden, die den höchsten Bedürfnisrang haben und noch nicht befriedigt sind. Höchste Priorität haben zunächst materielle Bedürfnisse. In den westlichen Industriegesellschaften ist es seit dem Zweiten Weltkrieg zu einer zunehmenden Sättigung der materiellen Bedürfnisse gekommen. Ihr Wert hat - im Verhältnis zu den immateriellen Werten - abgenommen. Inglehart geht weiter von der These aus, daß Wertstrukturen der Individuen weitgehend durch die jugendliche Sozialisation geprägt werden und hernach im Erwachsenenalter weitgehend stabil bleiben. Von dieser These läßt sich sodann ableiten, daß die im Wohlstandsmilieu erfahrene Wertprägung später beibehalten wird. Diesen Veränderungsprozeß von Werthaltungen nennt Inglehart die "stille Revolution", die nach seiner Auffassung zu einer langfristig stabilen Institutionalisierung post-materialistischer Strukturen und Verhaltensmuster führt.

An diesem Konzept ist freilich auch Kritik geübt worden, auf die hier im einzelnen nicht weiter eingegangen werden soll. Sie soll lediglich in Stichworten angedeutet werden:
- Mangel in der empirischen Fundierung;

- mechanistische Ablaufprognosen über den Wertewandel, das einem zu starken Harmoniestreben entspricht;
- Zwangsläufigkeit des Ablaufs des Wertewandelprozesses (Self-Fulfilling-Prophecy).

Klages und Herbert (1983) haben diesen Ansatz weiterentwickelt, um vor allem die kritisierte Einseitigkeit des Inglehartschen Modells zu vermeiden. Sie differenzieren den Wertewandel in die drei Kategorien "Wertverlust, Wertumsturz und Wertsynthese", die als die elementaren Kategorien des Wertewandels bezeichnet werden.

Wertverlust bedeutet, daß die betreffende Person oder Gruppe eindeutige Wertbindungen nicht hat und vor allem abhängig ist von situationsbedingten Einflüssen und pragmatischen Reagieren. Beim Wertumsturz werden tratitionelle Werte durch andere ersetzt. Beim dritten Typ der Wertsynthese wird eine Kombination älterer Werte mit neuen versucht; zugleich erfolgt eine Ausweitung des Entstehungs- und Verhaltensspielraums.

Den drei Kategorien des Wertewandels ließ sich rd. ein Drittel der von Klages und Herbert befragten Personen zuordnen, nur ein Fünftel verfügte über ausgeprägte tradierte Wertdispositionen (Klages, Herbert, 1983, S. 75). Die Autoren gehen allerdings davon aus, daß sich größere Teile der Bevölkerung im unmittelbaren Umfeld derjenigen Minderheit befinden, die an konventionellen Werten orientiert sind. Zugleich ermitteln sie aber auch eine Abschwächung konventioneller Dispositionen, die "zwar nicht mittelbar einen Wertewandel" manifestieren, dennoch eine "Unbestimmtheit" und wertstrukturelle Offenheit anzeigt. Die Autoren kommen schließlich zu der Aussage, "daß es in unserer heutigen Gesellschaft eine Fülle von Sachverhalten gibt, die den Wertverlust, den Wertumsturz und die Wertdiffusion begünstigen (a.a.O., S. 113). Diese Aussagen stehen z.T. im Widerspruch zu den Ergebnissen anderer Umfragen, z.B. des SINUS-Institutes (1983), wonach "alte" und "neue Werte" bei der Mehr-

heit der Bundesbürger eine Art widersprüchliche Werteharmonie
bilden".

3.6 <u>Welche Werte wandeln sich?</u>

Insgesamt scheint jedoch auch nach den neueren Umfragen und
Untersuchungen in westlichen Industriegesellschaften die Tendenz zu überwiegen, daß es sich nicht nur um einen mit der gesellschaftlichen und ökonomischen Entwicklung einhergehenden
Wertewandelprozeß handelt, sondern um tiefergreifende Veränderungen. Sie wird als systemimmanente Akzeptanzkrise hochent-
wickelter Industriegesellschaften bezeichnet (D. BELL, 1976)
und zeichnet sich nach von Recum (1984), der die einschlägige
Literatur aufgearbeitet hat, vor allem durch die folgenden
Merkmale aus:

- das Ziel der Einkommens- und Konsummaximierung soll mit dem
  Ziel der Minimierung von Leistung und Disziplin "kombiniert"
  werden. Da dies im Regelfall nicht gelingt, führt das zu einer Polarisierung in der Gesellschaft. Sie "begünstigt unter
  dem gesamtgesellschaftlichen Dach die Entstehung von zwei
  voneinander abgeschirmten Teilgesellschaften, die mit einander immer weniger zu tun haben" (von RECUM, S. 8);

- da materieller Wohlstand eine Selbstverständlichkeit geworden
  ist, erhalten "gesinnungsethisch motivierte und gesteuerte
  Überzeugungen von der Realisierbarkeit unbegrenzter Ansprüche
  auf immaterielle Güter einen hohen Stellenwert" (von RECUM).
  Im Vordergrund stehen humane und kulturelle Werte wie Frie-
  den, Glück und Liebe. Die Umsetzung dieser Ziele ist für die
  Vertreter dieser Werte eher eine Frage des guten Wuillens
  oder der "richtigen" Gesinnung. Sachzwänge, die die Realisierung dieser Ziele in Frage stellen, werden oft ebensowenig
  berücksichtigt wie Knappheit. Bewußt oder unbewußt wird unterstellt, daß materielle wie immaterielle Güter kostenlos zu
  haben sind." Ein neuer Machbarkeitsglaube tritt an die Stelle
  der "Machbarkeit der Sachen"." (von RECUM, S. 9);

- Eindeutigkeit schwindet, Vieldeutigkeit macht sich breit;

- Rollenverbindlichkeiten und Verantwortlichkeiten werden zurückgewiesen, es gibt keine umfassenden Konzepte zu neuen
  Werten, sondern wenig stabile Einzelwerte, die sich oft verändern. "Vielmehr werden Bruchstücke entstrukturisierter
  Wertsysteme nach dem Prinzip der "Collage" zu beliebigen neu-

en Gebilden von meist kurzer Lebensdauer montiert" (v.RECUM, S. 9);

- die politische Konsenzfähigkeit schwindet ebenso wie die Planungs- und Steuerungsfähigkeit gesellschaftlicher Prozesse.

Ob die Ursachen dieses Wertewandels die vielfältigen Krisenerscheinungen des Industriezeitalters und die mit Ihnen verbundenen Störungen des Gleichgewichts ökonomischer, ökologischer, sozialer und psychosozialer Prozesse sind, wie dies K.-H. Hillmann (1979) meint, soll hier nicht weiter erörtert werden. Zweifel an dieser These scheinen deshalb angebracht, weil es dieses angebliche Gleichgewicht sicher in der Realität nie gegeben hat und allenfalls theoretisch konstruiert werden kann. Dessenungeachtet haben sicher der Industrialisierungsprozeß, das Wohlstandsniveau und die Veränderung anderer Rahmenbedingungen (Bildungsstand, Demokratieverständnis, Altersstruktur, Arbeits- und Freizeitzeit u.a.) mit zu diesen Wertänderungen beigetragen.

Der Karlsruher Philosoph E. Oldemeyer hat bereits 1979 diese vielfältigen Werteveränderungen, die sich oft einer quantitativen Beschreibung entziehen und zweckmäßigerweise eher in Tendenzaussagen formulieren lassen, in einer Übersicht zusammenzufassen. Zugleich sind - als Vorgriff auf Kap. 5 in der Spalte 3 der nachfolgenden Übersicht Hinweise vom Verfasser angebracht, die Interdependenzen des Wertewandels zu den Aufgaben der Raumplanung in der Bundesrepublik anzeigen sollen.

Übersicht 1:   Werteveränderungen in der Bundesrepublik
Deutschland
(Ergänzung einer Übersicht von E. Oldemeyer
durch den Verfasser)[4]

A. Wertend-normative Einstellungen im Bereich der
zwischenmenschlichen Beziehungen, der sozialen und
politischen Handlungen und Institutionen (Ich-Du-/Wir-Ihr-
Relation)

Heute dominierende Wert- und Normenkomplexe	Alternative Wert- und Normenkomplexe	Bezug zu Zielen und Instrumenten der Raumordnung, Beispiele
- Hierarchisch-institutionalistische Auffassung sozialer Beziehungen	Partizipatorische Auffassung sozialer Beziehungen (Prinzip der "kleinen Netze")	Großmaßstäbliche Entscheidungen herrschen vor; Programme, Pläne, Systeme, Konzepte
(politisch-staatlicher Bereich:)		
- Herrschaftsprinzip (mit Kontrolle durch repräsentative Demokratie und Gewaltenteilung)	Teilhabeprinzip (Teilnahmemöglichkeit aller Betroffenen an politischen Entscheidung: direkte Demokratie)	Nur indirekte Beteiligung, Verbandsklage o.a. wird abgelehnt, Raumordnung wird als ausschließlich staatliche Aufgabe (Hoheitsaufgabe) verstanden
- Autoritäre Struktur sozialer Institutionen (feste Führungshierarchien, Aufstiegsmöglichkeit)	Nichtautoritäre Struktur sozialer Institutionen (babasisdemokratisch legitimierte, funktionsangepaßte Führung)	
- Ressortspezialistische, bürokratische Verwaltung vereinheitlichter, hierarchisch organisierter Institutionen (Zentralismus)	Möglichst weitgehende Selbstverwaltung überschaubarer sozialer Einheiten, wenig Ressortspezialismus (Dezentralismus, Regionalismus)	Zunehmende sektorale Differenzierung (z.B. im Umweltschutz, Verkehr, Energie)
- Ausweitung der Verantwortlichkeiten und Befugnisse des Staates (Wohlfahrtsstaat, Erziehungsstaat)	Entstaatlichung weiter Lebensbereiche (bes. der Erziehung, Wissenschaft, Religion) (Minimalstaat, Rechtsstaat)	Verstaatlichung (Großvorhaben der Infrastruktur, z.B. Wasserversorgung) nimmt zu

---

[4] Die Quellen, aus denen E. Oldemeyer seine Wertungen
entnommen hat bzw. diese belegt, sind in der
Originalarbeit zu finden. Auf eine Darstellung in diesem
Text wird aus Platzgründen verzichtet.

Heute dominierende Wert- und Normenkomplexe	Alternative Wert- und Normenkomplexe	Bezug zu Zielen und Instrumenten der Raumordnung, Beispiele
(<u>Zwischenstaatlicher und interkultureller Bereich:</u>) - Annahme der Ungleichwertigkeit und Nichtgleichberechtigung kultureller Sinnwelten: "kognitiver Imperialismus, allenfalls Toleranz "unterentwikkelter" Sinnwelten (Kulturzentrismus, Ethnozentrismus)	Annahme der Gleichwertigkeit und Gleichberechtigung aller kulturellen Sinnwelten: "kognitiver Respekt" auch vor fremdartigen, z.B. nicht-abendländischen Sinnwelten	Scheinrationalität bei wissenschaftlichen Methoden der Raumanalyse und Prognose, bei Entscheidungsverfahren: die ethische Dimension bleibt ausgeblendet
- Lösung von Konflikten unter dem Druck von Machtpotentialen und unter Androhung von Gewalt als letztem Mittel (Benutzung von "Feindbildern")	Prinzipiell friedliche, kompromißbereite Lösung von Konflikten, ohne Gewaltandrohung (Abbau und Ächtung von "Feindbildern")	Stadt-Land-Gegensatz, Naturschutz versus Landwirtschaft oder Industrie
(<u>wirtschaftlich-sozialer Bereich</u>): - Konkurrenzprinzip Primat der Rivatlitätseinstellung (Tendenz zur Pro- und Contra-Differenzierung im Zwischenmenschlichen)	Solidaritätsprinzip; Primat der Einstellung auf Brüderlichkeit (Tendenz zur partnerschaftlichen Haltung im Zwischenmenschlichen)	Wettbewerbsprinzip der Gemeinden, Regionen, Länder untereinander (z.B. bei den Industrieansiedlungen mit Subventionen, im Tourismus)
- Primat des Einzel-, Gruppen- und Verbandsegoismus	Primat des Mutalimus (Prinzip der gegenseitigen Hilfe)	
- Leistungsstimulation durch materiallen Anreiz, Vorschriften, Kontrolle und Verdrängungswettbewerb	Leistungssimulation durch Freude an der Arbeit und kooperativ-agonalen Wettbewerb	
- Emanzipation als Erringung des Zugangs zu bestehenden Strukturen (z.B.männlichkeitsorientierte Frauenemanzipation)	Emanzipation als autonome Selbstentfaltung (z.B. Frauenemanzipation mit eigenständiger Sinngebung)	Abhängigkeit der Regionen vom Staat nimmt zu

Heute dominierende Wert- und Normenkomplexe	Alternative Wert- und Normenkomplexe	Bezug zu Zielen und Instrumenten der Raum- ordnung, Beispiele
(Primärgruppenbereich:) -Kleinfamilie	Familienübergreifende Wohn- und Lebens- form	Städtebauliche, landw. Leitbilder u.a. gehen von isolierten Konzep- ten aus
- Herrschaft des Men- schen über die ihm "untergeordnete" Na- tur; Ausbeutung ihres Rohstoff- und Energie- reservoirs zugunsten spezifisch menschli- cher Zwcke und be- grenzt nur durch die- se Zwecke: "Macht euch die Erde untertan" (1.Mos., 1, 28); "An- eignung des Natürli- chen für menschliche Bedürfnisse" (K.Marx); ökonomisch-technologi- sches Interesse an der Natur	Achtung vor der Natur und Verantwortung für sie als das umfassen- de und autarke System aller ökologischen (Sub)-Systeme - als Lebensraum und -re- servoir nicht nur für den Menschen und seine Zwecke; Ökologisches Interes- se an der Natur, ori- entiert an Normen ei- ner "ökologischen Mo- ral"	Nutzung der Natur als Produktionsfaktor (Potential), Moneta- risierung
- Objektivisitische und und materialhafte Auf- fassung der Natur: bloße "Ausgedehntheit" der materiellen Natur "res extensa" (Des- cartes); Natur als "unorganischer Körper" des Menschen (K.Marx), als "Bestand", der der Bearbeitung schranken- los offensteht - Instrumentalistische Auffassung der Natur: Natur als bloßes Mit- tel	Auffassung der Natur als eines Systems selbstorganisations- fähiger Systeme, ge- genüber denen es sinnvoll ist, sie als "subjektartig" zu be- trachten und "part- nerschaftlich zu be- handeln (Neudeutung des alten Gedankens von der "Beseelt- heit" der Natur: Aristoteles, Leib- niz, Goethe u.a.) Anerkennung eines Selbstzweckcharak- ters der Natur	Systemisches Denken und Planen (F. Vester) hat noch keinen Ein- gang in die Raumpla- nung gefunden
- Tendenz, Natur als et- was aufzufassen, das segmenthaft in groß- technische Systeme als umfassendere Einheiten einzubauen sei	Tendenz, technische Systeme "symbio- tisch in die Natur als umfassenderes System einzubauen	Planung von fremdbe- stimmten, energieauf- wendigen Großsystemen

Heute dominierende Wert- und Normenkomplexe	Alternative Wert- und Normenkomplexe	Bezug zu Zielen und Instrumenten der Raumordnung (Beispiele)
- Tendenziell unbegrenzte, nur menschlichen "Fortschritts"- und "Mehrungs"-Interessen folgende "Perfektion" der Technik in Richtung auf technische Makrosysteme, unbekümmert um steigenden Energie- und Rohstoffverbrauch und Umweltbelastung	Sich selbst begrenzende, Energie und Rohstoffe sparende, "Recycling" betreibende Technik; Schwerpunktverlagerung auf (an die jeweilige ökologische Situation) "angepaßte" (die Naturumwelt schonende) "sanfte", (im Umfang ihrer Funktionseinheiten) "mittlere" Technik	Definitionen von Wirtschaftswachstum, Wachstumsindustrien, Fortschritt in der Raumplanung; die stofflichen und energetischen Veränderungen werden nicht erfaßt und bewertet; kulturelle Werte werden vernachläßigt
- Ideal des ich-orientierten (ego-zentrischen), selbständigen, autarken Einzelnen, der geschlossenen Persönlichkeit, des "homo clausus" (radikaler Individualismus) oder: Ideal des absoluten Vorrangs des Kollektivs vor dem Individuum (radikaler Kollektivismus)	Ideal des Einzelnen als eines solidarischen ("brüderlichen") Partners im Geflecht der zwischenmenschlichen Beziehungen, als "homo apertus" (sozialer Individualismus)	
- Selbstverwirklichung durch Mehrung von Eigentum und durch "Sammeln" von Eindrücken, Erfolgen, "Siegen" über Rivalen. Leistungen in der Konkurrenzsituation, Bildungsgütern	Selbstverwirklichung durch "Verinnerlichung", Selbststeigerung, Vertiefung der Welt- und Selbsterfahrung im Durchlaufen kontinuierlicher "Wege" der Bewußtseinserweiterung	
- Aktivitischer "Expansionismus" "Habens"-Orientierung; Orientierung an "Besitzwerten"	Konzentrierender, kontemplativer "Weg nach innen" "Seins"-Orientierung; Orientierung an "konvivalen" Werten	
- Primat der (diskursiven) Ratio gegenüber Sinnlichkeit, Gefühl Willen hinsichtlich Relevanzeinschätzung und Kultivierung	Gleiche Relevanzeinschätzung und gleiche Kultivierung von Sinnlichkeit, Gefühl, Willen und Ratio	

Heute dominierende Wert- und Normenkomplexe	Alternative Wert- und Normenkomplexe	Bezug zu Zielen und Instrumenten der Raumordnung (Beispiele)
- Erziehung um funktionaler, institutionell definierter (z.B. berufsbezogener oder politischer) "Erziehungsziele" willen: anpassungsfördernde Erziehung	Erziehung um einer individuell optimalen (und so zugleich am meisten gemeinschaftsdienlichen) Entfaltung der eigenen Anlagen willen: kreativitätsfördernde Erziehung	
- Koppelung der Bildung mit dem Berechtigungserwerb für Berufsfunktionen und sozialen Status	Entkoppelung der Bildung vom Berechtigungserwerb für Berufsfunktionen und sozialen Status	
- Ästhetisches Erfahren und Handeln (Spiel, Kunst) als Ausgleichs-, Zerstreuungs- und Rekreationsfunktion gegenüber den allein ernst genommenen Alltagsfunktionen (ökonomischer, politischer, pädagogischer, religiöser usw. Art) sowie als Mittel ideologischer Beeinflussung	Ästhetisches Erfahren und Handeln als ernst zu nehmendes Feld kreativer, geselliger Selbstverwirklichung und eines (nicht durch Wissenschaft ersetzbaren) Weltverstehens	
- Programm der Säkularisierung, "Entzauberung", "Entmythisierung" aller Lebensbereiche - im Ausgang von einer Kritik der Religion und der Metaphysik am Leitfaden diskursiver, kritischer Rationalität	Anerkennung von Religionen (Mythen, Glaubenssystem), Metaphysiken und (als deren Ersatz in "säkular" bestimmten Kulturen) Ideologien in ihrer Funktion, lebensnotwendige oberste Sinnessysteme zu bilden (die durch die partikularen Erklärungssysteme diskursiver Wissenschaft nicht ersetzbar sind)	Heimatbegriff in der räumlichen Planung

Heute dominierende Wert- und Normenkomplexe	Alternative Wert- und Normenkomplexe	Bezug zu Zielen und Instrumenten der Raumordnung (Beispiele)
- Tendenz zur Verabsolutierung der diskursiven, analytischen, "linearen" Rationalität, ihrer Logik und der Betrachtungsweisen der aus ihr entwickelten Wissenschaft (Konsequenz oft: "Wissenschaftsgläubigkeit" als Ersatzreligion); Tendenz, Kriterien dieser diskursiven Rationalität als alleinigen Maßstab menschlicher Bewußtseinsinhalte, auch der obersten Sinngebungen, gelten zu lassen	Anerkennung der Menschengemäßheit und Berechtigung von nicht-diskursiven Formen der Rationalität in bestimmten Lebensbereichen (der Ich-Du, der Ich-Ich- und der Ich-Überich-Beziehungen); Anerkennung von - aus religiösen Wurzeln entwickelten - kontemplativen, meditativen, mystisch-gnostischen Erkenntnisverfahren, aus denen eigene Kriterien und Maßstäbe oberster Sinngebungen gewonnen werden können	

Aus der Übersicht von Oldemeyer wird deutlich, daß in der Gesellschaft der Bundesrepublik Deutschland zwei für die Raumplanung besonders bedeutsame Phänomene des Wertewandels herausragen. Dies sind Veränderungen in der Einstellung der Gesellschaft zur Natur und die zunehmende Distanzierung zum technischen Fortschritt um jeden Preis. Beide Phänomene stehen in engem Zusammenhang und sind insbesondere durch die Katastrophen der letzten Jahre - erinnert sei beispielhaft an Seveso/Italien, Bophal/Indien, Tschernobyl/UdSSR und die Chemiekatastrophen am Rhein 1986 (Sandoz, BASF) noch stärker ins Bewußtsein eines Großteils der Bevölkerung gelangt.

Für beide Phänomene kommt eine dritte Dimension des Wertewandels hinzu: nämlich die Forderung nach kleinen, überschaubaren Produktions-Komplexen und Eingriffen in den Naturhaushalt (vgl. M. Jänicke, 1985, B. Strümpel, 1985).

Diese Veränderungen, die Oldemeyer für die Bundesrepublik ermittelt hat, werden auch von US-amerikanischen Sozialwissenschaftlern bestätigt, wie die nachfolgende Übersicht von W.W. Harman zeigt.

Daß diese Veränderungen von Wertpräferenzen keinesfalls nur in Umfragen dokumentiert werden, sondern bereits politisch relevant geworden sind, zeigen beispielhaft die Diskussionen über eine Ergänzung des Grundgesetzes mit einer Umwelt(schutz)klausel (die bereits in die bayerische Landesverfassung aufgenommen wurde und die voraussichtlich nicht so sehr als eine konkrete Verbesserung der Rechtssituation zugunsten des Umweltschutzes im Einzelnen zu werten ist als vielmehr Bedeutung erlangen wird wegen ihrer "Signalfunktion"). Dies zeigen aber auch Überlegungen über staatliche Eingriffe auf Produktionsentscheidungen (z.B. Verbot der Produktion von bestimmten Stoffen), die vor wenigen Jahren noch als undenkbar einzustufen gewesen wären und als nicht systemkonform abqualifiziert worden wären. (Fluorkohlenwassenstoffe, Diskussionen über eine Chlorsteuer u.a.).

Übersicht 2: Aspekte der Umorientierung nach W.W.Harman (1976)

Industrielle Werthaltung	nachindustrielle Werthaltung
materielles Wachstum	materielle Genügsamkeit verbunden mit psycho-spirituellem Wachstum
Mensch gegen Natur	Mensch mit Natur
Konkurrenzdenken	bewußtes Eigeninteresse
egoistischer Individualismus	kooperativer Individualismus
Rationalismus	Rationalität und Intuition
Gesellschaftliche Ausprägungen	
große komplexe Wohn- und Arbeitseinheiten	kleine, einfache Lebens- und Arbeitsumwelten
Anwachsen der Materialkomplexität	Verringerung der Materialkomplexität
Raumfahrttechnologie	angepaßte Technologie
Identität durch Konsumverhalten	Identität durch interaktive Bewertungsprozesse
Zentralisierung von Macht und Kontrolle auf Staatsebene	dezentrale, regionale Selbstverwaltung mit globaler Kommunikationsmöglichkeit
Spezialisierung/Arbeitsteilung	integrierte, vielfältige Arbeitsmöglichkeiten (Aufgabenrotation)
Massenproduktion standardisierter Kurzzeitprodukte	handgefertigte, dauerhafte, einzigartige Produkte
kulturelle Homogenität	kulturelle Heterogenität
Leistungsdenken, Stress	Harmonie, Raumschiffdenken

Die Frage nun, ob diese veränderte Sichtweise der Umweltproblematik durch die Politiker "nur" eine Reaktion auf die Umweltka-
tastrophen der letzten Jahre ist oder eine Folge des Wertewandels, läßt sich sicher nicht eindeutig beantworten. Da es jedoch auch in der Vergangenheit eine Vielzahl von Umweltkata-
strophen gegeben hat, die allerdings oft so nicht bezeichnet
wurden und als Einzelfälle gesehen wurden, hat die Politik allenfalls bei einer Schadensbegrenzung und -regulierung mitge-
wirkt. Dies ist anders geworden. Solche Katastrophen, aber auch
weniger spektakuläre Veränderungsprozesse wie das Aussterben
von Tier- und Pflanzenarten, die neueren Kenntnisse über Boden-
verseuchungen oder die Diskussionen über die Zusammenhänge von
Luftverschmutzungen und bestimmten Erkrankungen zeigen die partiell geänderten Problemwahrnehmungen und Werthaltungen der
Bevölkerung an. Und diese sind, zumindest zum Teil, "wahl-wirk-
sam" geworden. Auch deshalb bemühen sich Parteien, Verbände und
die übrigen Träger der öffentlichen Meinung (erinnert sei an
das Umweltengagement bestimmter Teile der evangelischen Kirche), diesen Wertewandlungen Rechnung zu tragen.

Es wird von der Annahme ausgegangen, daß erst durch die geänderten Werthaltungen eines Teils der Bevölkerung die Politiker
- sozusagen nachvollziehend - Änderungen ihrer Zielsetzungen
vorgenommen haben. Diese Annahme kann damit begründet werden,
daß die Exekutive und auch einige Parteien und Institutionen
die Umweltproblematik bereits seit Anfang der siebziger Jahre
in Programmen ziemlich "fortschrittlich" formuliert hatten, daß
aber die Entschlossenheit fehlte, diese Programme zu realisieren, weil dies z.T. tiefgreifende Eingriffe in die Interessen
bestimmter Wählergruppen bedeutet hätte. Diese Erklärung gilt
vom Prinzip auch für die Raumplanung. Obwohl bereits 1971 im
Umweltprogramm der Bundesregierung und in der Denkschrift der
Minister-Konferenz für Raumordnung (MKRO) (1972) entscheidende
Kurskorrekturen für die Berücksichtigung von Umweltbelangen in
der die Raumplanung auf allen Ebenen programmatisch formuliert
wurden, haben diese in der Folgezeit diese Korrekturen nur par-

tiell und in geringem Umfang durchgeführt (im Einzelnen vgl. Hübler, 1987).

Ist zunächst relativ allgemein versucht worden, die Ursache-Wirkungsbeziehungen Wertwandel - Umweltbeeinträchtigungen-Umweltpoltik zu beschreiben, so darf nicht übersehen werden, daß dieser Wertewandel auch durch eine Vielzahl von Umfragen und empirischen Untersuchungen bestätigt wird.

Beispielhaft wird auf die Untersuchung von H. Kessel und W. Tischler (1984) verwiesen, in der vergleichend in den Ländern Großbritannien, den USA und der Bundesrepublik die Veränderung des Umweltbewußtseins von 1980 zu 1982 durch Umfragen zu ermitteln versucht wird.

"Befragt wurden in England, in den USA und in der Bundesrepublik Deutschland jeweils repräsentative Stichproben der erwachsenen Bevölkerung sowie Stichproben von bestimmten Zielgruppen wie Umweltschützer, Politiker und Vertreter der Industrie." (S. 13)

"Es zeigt sich, daß die überwiegende Zahl der Befragten der Ansicht ist, daß Industriegesellschaften ihren Bürgern ein hohes Maß an Lebensqualität bieten. Sie schätzen die moderne Technik deutlich positiv ein und sehen für die Bewältigung zukünftiger Aufgaben in der Weiterentwicklung von Wissenschaft und Technik große Chancen. Im Vergleich zu der Erhebung von 1980 wird jedoch erkennbar, daß sich diese grundsätzlich positive Einstellung deutlich abgeschwächt hat, besonders bei den Befragten in der Bundesrepublik Deutschland und speziell bei der Zielgruppe der Umweltschützer. Umweltschützer haben ihre eher skeptische Einstellung gegenüber der Industriegesellschaft und der modernen Technik noch weiter verstärkt und sich damit in ihren Einstellungen noch stärker von der Zielgruppe "Führungspersoen aus der Wirtschaft" entfernt."...

"In allen drei Ländern werden Probleme, die mit der Rohstoff- und Energieversorgung zusammenhängen, als gravierend angesehen. Allerdings hat die darin zum Ausdruck kommende Besorgnis 1982 nicht mehr das gleiche Ausmaß wie zwei Jahre zuvor. Diese Veränderung ist in England und in den USA am deutlichsten ausgeprägt. Die durch die Ressourcenverknappung ausgelösten wirtschaftlichen Schwierigkeiten der Vergangenheit sind den deutschen Befragten möglicherweise noch stärker in Erinnerung. So werden in Deutschland Rohstoffverknappung und Energieprobleme, die die Wirtschaft belasten, erheblich stärker mit Besorgnis gesehen als in England und in den USA; in die-

sen beiden Ländern liegt eine nahezu einheitliche Beurteilung
vor." (S. 14).

"Die Mehrzahl der Befragten ist in allen drei Ländern der
Meinung, daß Kernenergie notwendig ist. Der Bedarf an Kernenergie wird 1982 jedoch nicht mehr in dem Ausmaß als anstei-
gend gesehen, wie es noch zwei Jahre zuvor der Fall war. Diese Beurteilung geht einher mit einer höheren Einschätzung der
Risiken der Kernkraft, insbesondere in Bezug auf die Lagerung
des Atommülls und in Bezug auf umweltbelastende nukleare Un-
fälle." ... "Die größten Unterschiede in der Einstellung zur
Kernkraft sind erwartungsgemäß zwischen Umweltschützern und
Vertretern der Industrie zu finden. Stärker noch als bei den
Fragen nach den nuklearen Risiken wird diese Divergenz bei
der Beurteilung der Notwendigkeit von Kernenergie - und dies
mit steigender Tendenz im Vergleich der zwei Erhebungen-
deutlich" ...

"Grenzen des Wachstums sowohl in Bezug auf eine allgemeine
Zunahme der Bevölkerung als auch auf eine weitere industrielle Entwicklung werden von den meisten Befragten in allen
drei Ländern mit großer Deutlichkeit gesehen. Generell wird
die Meinung vertreten, daß die Zahl der Menschen, die die
Erde versorgen kann, bald erreicht ist und daß wir bereits an
die Grenzen des industriellen Wachstums gestoßen sind. Es
besteht aus der Sicht der allgemeinen Bevölkerung eine sehr
dringende Notwendigkeit, mit der Natur in Einklang zu leben.
Bei dieser Frage ist nur eine geringe Veränderung zwischen
den beiden Erhebungszeitpunkten 1980 und 1982 auszumachen;
die Grenzen des Wachstums werden 1982 nur geringfügig weniger
deutlich gesehen als zwei Jahre zuvor.

Auffällig ist die in der Bundesrepublik Deutschland und in
Englang festzustellende hohe Übereinstimmung in der Einschätzung der Grenzen des Wachstums bei Industrievertretern und
Politikern. Diese Übereinstimmung wird ind en USA nicht gefunden. Als einzige Gruppe sehen dort die Industrieverteter
1982 wie schon zwei Jahre zuvor die Möglichkeiten einer weiteren Zunahme des industriellen Wachstums." (S. 15)

Die Arbeiten von Kessler/Tischler - aber auch von anderen Autoren - zeigen, daß sich die Veränderungen des Umweltbewußtseins
nicht auf den engeren Bereich der Umwelt bezieht, sondern auch
die Ursachen der Umweltzerstörung mit einbezieht. Dies zeigen
die nachfolgenden Übersichten:

Übersicht 3: Umfrageergebnisse der Studie Kessler/Tischler
(1984)

Sorge um die Gefährdung der Umwelt

"Die Umweltverschmutzung steigt gefährlich an"

	lehne ab in %	unentschlossen in %	stimme zu in %
BRD	5	4	91
England	13	8	79
USA	18	12	70

"Das Gleichgewicht der Natur ist sehr empfindlich
und kann leicht gestört werden"

	lehne ab in %	unentschlossen in %	stimme zu in %
BRD	4	14	82
England	12	11	77
USA	16	13	71

"Die Menschheit mißbraucht die Umwelt in gefähr-
licher Weise

	lehne ab in %	unentschlossen in %	stimme zu in %
BRD	5	6	89
England	12	8	80
USA	15	8	77

"Ist die Gefährung der Umwelt in der ganzen Welt
ein großes Problem oder kein Problem, wie em-
pfinden Sie persönlich das"

	lehne ab in %	unentschlossen in %	stimme zu in %
BRD	3	6	91
England	7	12	81
USA	8	16	76

Übersicht 4: **Lösungsstrategien zur Bewältigung der Umweltprobleme**

"Was halten Sie für wichtiger, um unsere Umweltprobleme zu lösen?"

		bessere wissen-schaftliche und technische Ent-wicklungen in %	unentschieden	grundsätzliche Änderungen in der Gesellschaft in %
BRD	allgemeine Bevölkerung	48	9	43
	Umweltschüt-zer	22	7	71
	Industrie	79	6	15
	Politik	55	10	35
Eng-land	allgemeine Bevölkerung	31	10	59
	Umweltschüt-zer	20	10	70
	Industrie	67	9	24
	Politik	49	11	40
USA	allgemeine Bevölkerung	25	9	66
	Umweltschüt-zer	9	6	85
	Industrie	43	10	47
	Politik	37	13	50

Quelle: Erhebung Umweltbewußtsein im internationalen Vergleich, Erhe-bungswelle 1982 des Internationalen Instituts für Umwelt und Gesellschaft, Berlin.
Angegeben sind die prozentualen Häufigkeiten.

In ähnlicher Weise zeigen sich in der Untersuchung von Raffée/ Wiedmann (1983) Wertverschiebungen gegenüber tradierten Ein-schätzungen bei der Frage nach dem persönlichen Engagement.

Übersicht 5:   **Bereitschaft zu finanziellen Opfern**
               (nach Raffée/Wiedmann, S. 63)

	Bevölkerung von 14-64 J. 38,73 Mio. %	Wer ist jeweils überdurchschnittlich opferbereit?
Schaffung neuer Arbeitsplätze und Lehrstellen	58	Vielseitig Verantwortungsbewußte, sozial Orientierte
Umwelt und Natur vor Verschmutzung und Zerstörung bewahren	45	Vielseitig Verantwortungsbewußte, sozial Orientierte, Unentschlossene
Sicherung der sozialen Leistung	44	Vielseitig Verantwortungsbewußte, undifferenzierte Allesforderer, sozial Orientierte
Maßnahmen zur Gesundheitsvorsorge verbessern	34	Vielseitig Verantwortungsbewußte, undifferenzierte Allesforderer
Sozial Benachteiligte stärker unterstützen	25	Vielseitig Verantwortungsbewußte, sozial Orientierte
Vorverlegung des Rentenalters	24	Undifferenzierte Allesforderer, Teilnahmslose mit Versorgungsforderungen
Mehr für die Menschen in Entwicklungsländern tun	20	Vielseitig Verantwortungsbewußte, sozial Orientierte
Verstärkung der beruflichen Weiterbildung und Umschulung	20	Vielseitig Verantwortungsbewußte
Stärkere Förderung von Forschung und Wissenschaft	12	Vielseitig Verantwortungsbewußte, leistungsorientierte Pragmatiker
Die militärische Verteidigungskraft der Bundesrepublik Deuschland stärken	7	Leistungsorientierte Pragmatiker
Förderung von Kunst und kulturellen Einrichtungen	6	Vielseitig Verantwortungsbewußte
Für nichts davon opferbereit	19	Ignoranten, Teilnahmslose mit Versorungsforderungen

Die Autoren stellen dazu folgendes fest (S. 64/65):

"Auf der Grundlage dieser Ergebnisse können zunächst jene
Gruppen unserer Gesellschaft genauer identifiziert werden,
die in besonderem Maße
- als Spender für caritative und kulturelle Zwecke in
  Betracht kommen,
- dazu neigen, für ökologiefreundliche Produkte oder bei
  Unternehmen, die für soziales Engagement bekannt sind,
  höhere Preise zu akzeptieren (preispolitischer Spielraum),
  oder generell

- bereit sind, ein ökologisches und soziales Engagement von
  Unternehmen, Parteien oder sonstigen Institutionen als
  Wähler, Käufer, Geldgeber, Lieferant, Arbeitnehmer usw. zu
  honorieren bzw. wahrgenommene Defizite in diesen Bereichen
  mit Abwanderung und/oder Widerspruch zu sanktionieren.

Neben den Schwerpunkten der Opferbereitschaft in Abhängigkeit
des Alters und der sozialen Schicht sind vor allem die
Ausprägungen innerhalb einzelner Ziele-Typen interessant. Auf
diese Weise lassen sich noch einmal recht deutlich die
Wertprioritäten der einzelnen Typen charakterisieren und
Rückschlüsse für eine gezielte Ansprache ziehen.

Zu den entschiedensten Verfechter ökologischer und humanitä-
rer Ziele gehören ganz offensichtlich die vielseitig Verant-
wortungsbewußten: Sie ordnen nicht nur ökologischen und huma-
nitären Zielen eine sehr hohe Bedeutung zu, sondern sind darüber hinaus in höchstem Maße bereit, auch etwas zu deren Verwirklichung beizusteuern."

"Hinsichtlich umweltfreundlicher Produkte dürften sich allerdings auch bei den leistungsorientierten Pragmatikern gute
Chancen für preispolitische Spielräume ergeben. Ihre demographische Struktur sowie ihr Besitzstand lassen vermuten, daß
sie für eine neue Variante des Prestigekonsums - nämlich die
im Konsum gezeigte 'demonstrative Vernunft' - durchaus zu
haben sind.

Die erstaunlich hohe Opferbereitschaft der Bürger erhärtet
das positive Bild, das schon in ihrer Wertehierarchie zum
Ausdruck kam. Erneut wird damit das enorme 'produktive Potential' deutlich, das zur Lösung gesellschaftlicher und sozialer Probleme bereitsteht. Es hängt entscheidend vom Verhalten
staatlicher und öffentlicher Institutionen wie auch von den
privaten Unternehmungen - und damit vom erwerbswirtschaftli-
chen und nicht-erwerbswirtschaftlichen Marketing - ab, in
welcher Weise dieses Potential effektiv gemacht wird" (S.
66).

Auszugehen ist jedenfalls von dem Sachverhalt, daß sich beachtliche Werteverschiebungen der Gesellschaft und ihrem Verhältnis

zur Natur vollziehen. Natur wird immer weniger als Produktionsfaktor oder Instrument der Produktion, sondern als Wert an sich
begriffen. Das Wirtschaftswachstum wird im Hinblick auf die
Naturzerstörung zunehmend kritischer beurteilt und es wurde
eine zunehmende Zahlungsbereitschaft des einzelnen zugunsten
der Erhaltung der Natur ermittelt.

Waren in den 70er Jahren in der Bundesrepublik, als sich eine
Umweltpolitik konstituierte, noch beinahe unversöhnliche Gegen-
sätze zwischen den Anforderungen der wirtschaftlichen Entwicklung einerseits (Umweltschutz als Jobkiller, Investitionsstau
durch Umweltschutz u.a.) und den Erfordernissen des Schutzes
der Umwelt zu beobachten, die in den ersten Umweltkonzepten
(z.B. Umweltprogramm 1971), aber auch in den Plänen und Programmen der Raumordnung nur mühsam (z.T. durch geschickte Formulierungen) verbal verdeckt wurden, so zeichnet sich in den
letzten Jahren im öffentlichen Bewußtsein ein bemerkenswerter
Wandel ab, der umschrieben werden kann mit dem Schlagwort der
"Ökologisierung der Produktion" (vgl. z.B. Bundesverband der
Deutschen Industrie, 1985, DGB, 1985). Eine umweltfreundliche
Produktion kann zur Schaffung von Arbeitsplätzen beitragen und
internationale Wettbewerbsvorteile ermöglichen usw.. Und zwar
nicht nur durch "Umweltschutzreparaturmaßnahmen", wie z.B. den
Einbau von Luftfiltern, den Bau und die technische Verbesserung
von Klärwerken, die Fortentwicklung der Abfallbeseitigungstech-
nologien oder PKW-Katalysatoren etc., sondern auch durch Vermeidung von Umweltbelastungen durch eine Minimierung oder Reduzierung des Material- und Energieverbrauchs und damit auch der
Emissionen oder durch die Einführung geschlossener Kreisläufe
im Produktionsprozeß und den Verzicht der Verwendung gefährli-
cher Stoffe (Asbest, u.a.) Aber nicht nur in der Produktion
sind solche Ansätze erkennbar, sondern auch im Bereich der Konsumtion, des Verkehrs, des Wohnens oder des Freizeitverhaltens.
Mögen solche Ansätze auch von ihrem Umfang her noch keine umfassenden Veränderungen (z.B. in der Nachfrage nach Produkten)

induzieren, so ist nicht zu verkennen, daß der Trend sich zunehmend verstärkt.

B. Weimann (1985) faßt diese Veränderungen des Mensch-Natur-Verhältnisses in den letzten Jahren in fünf Thesen zusammen:

1. Ausmaß des Machtzugriffes des Menschen auf die Natur: Durch Forschung und Meisterung der Naturkräfte sind völlig neue Dimensionen eröffnet (Beispiel: Forschungsalternativen unter der Bedingung der Schwerelosigkeit im All).

2. Die Vermutung, daß die sogenannten Selbstreinigungskraft der Natur dem Ausmaß einer ungezügelten Technologie und Zivilisation nicht mehr gewachsen ist.

3. Die zunehmenden Versuche, Natur wieder in ihren systemischen (ganzheitlichen) Zusammenhängen zu erkennen (Umwelt).

4. Zunehmende (verbale) Einsicht in die Begrenztheit natürlicher Ressourcen.

5. Infragestellung des sogenannten Expertenwissens durch die Gesellschaft und/oder die öffentliche Meinung.

Als ein Zwischenergebnis wird an dieser Stelle zusammengefaßt: Die beachtlichen Wertverschiebungen im Hinblick auf die Umwelt, wie sie durch die Umfragen deutlich werden, lassen die Schlußfolgerung zu, daß es für die Raumplanung nicht mehr nur darum gehen kann, die instrumentellen Möglichkeiten für den Umweltschutz (z.B. Verbesserung des Planungsverfahrens oder Realisierung der Vorschläge von Fürst (1986)) zu verbessern, sondern daß es angezeigt erscheint, grundsätzlich über die künftigen Aufgaben, die Ziele und Instrumente der räumlichen Planung nachzudenken, weil offensichtlich die wesentlichen, die derzeitig die Raumplanung konstituierenden Prämissen, eine andere Bewertung erfahren.

Mit diesen Ergebnissen kann lediglich die Richtung möglicher Werteänderungen angedeutet werden; sie zeigen Tendenzen an, von denen nicht gesagt werden kann, wann und von wem diese Änderungen von Wertpräferenzen realisiert werden, d.h. wieweit sie dann tatsächlich zu Verhaltensänderungen im einzelnen führen. Sie sagen auch nichts über die Stabilität solcher Trends in zeitlicher Hinsicht aus. Obgleich Oldemeyer die zuvor zitierte Arbeit vor acht Jahren veröffentlich hat, wird dennoch von der Vermutung ausgegangen, daß diese Trends auch heute noch stabil sind und einige der Trendänderungen bereits Eingang in die gesellschaftliche und politische Realität gefunden haben, bei anderen hingegen ist noch kam eine Bewegung in Gang gekommen.

Bei einer Gegenüberstellung dieser qualitativen Aussagen von Oldemeyer mit Ergebnissen von Umfragen aus neuerer Zeit wird die schichtenspezifische Dimension des Wertewandels besonders deutlich. Verwiesen wird auf das Ergebnis zweier diesbezüglicher Umfragen, die in den letzten Jahren über das Wahlverhalten der Bundesbürger von Sinus (Heidelberg, 1983) und Infratest (München, 1984) (im Auftrag der SPD) und vom Sozialwissenschaftlichen Forschungsinstitut der Konrad-Adenauer-Stiftung (SFK) 1984 durchgeführt wurden. Die Ergebnisse der drei Analysen stimmten im Trend weitgehend überein. Im Nachfolgenden wird die in der Wochenzeitung DIE ZEIT (Nr. 4 vom 16.1.87, S. 516) abgedruckte Zusammenfassung gekürzt wiedergegeben. Aus den Ergebnissen kann - bei allen Vorbehalten - der Anteil der Bevölkerungsgruppen ersehen werden, die neueren Werten aufgeschlossen gegenüberstehen bzw. sich mit diesen identifizieren:

"Um die Darstellung einfach zu halten, beschränken wir uns im wesentlichen auf die neuere SFK-Studie. Danach gibt es die folgenden Typen von Wählern:

1. Der zukunftsoptimistische, aufstiegsorientierte jüngere Wähler (12 Prozent der Wählerschaft): Die traditionellen konservativen Werte gelten, aber man nimmt sie locker; Selbstentfaltung, Lebensgenuß sollen nicht zu kurz kommen. Man ist gegen Technikangst, Religion bedeutet wenig, die Mode- und Konsumorientierung ist stark. Mit dem politischen System ist man zufrieden, aber das Engagement hält sich in Grenzen. Familie (soweit vorhanden) wird als Partnerschaft gesehen. Bildung durchschnittlich. ...

2. Der <u>postmateriell-linksalternativ</u> eingestellte junge Wähler (sechs Prozent). Konservativ-traditionelle Werte werden abgelehnt, "Entfaltungswerte" dominieren: Suche nach neuen Lebensinhalten, Selbstverwirklichung, Gleichberechtigung. Freizeit ist sehr wichtig, Verdienst zählt wenig. Konservative Familie ist verpönt. Beruf soll interessant sein, ist aber nicht Lebensinhalt. Wenig konsumorientiert, Einstellung zu Fortschritt und Technik negativ, Zukunftsangst. Antireligiös, sehr hoher Bildungsstand, politisches Interesse stark, systemkritisch. Staat bedeutet wenig, Bürgerbeteiligung viel. ...

4. Der linksliberale, in die Gesellschaft integrierte Postmaterialist (Apo-Opa) (11 Prozent). Disziplin, Leistung werden anerkannt, aber Selbstentfaltung zählt ebenso. Ordnungsdenken, Nationalbewußtsein werden skeptisch/negativ betrachtet. Familie (partnerschaftlich) ist wichtig. Ein interessanter, gut bezahlter Beruf ist wichtiger als ein sehr gut bezahlter, uninteressanter. Religiös eher indifferent, ambivalentes Verhältnis zum technischen Fortschritt. Mode- und Konsumorientierung durchschnittlich. Politisches Interesse sehr hoch; das politische System wird akzeptiert, gilt aber als verbesserungsbedürftig (Demokratisierung). ...

5. Der unauffällige, eher passiv-trationslose Arbeitnehmer (11 Prozent). Viele leben in Sozialwohnungen, schwache Kirchenbindung, Gewerkschaftsbindung durchschnittlich, Werthaltungen nicht sehr ausgeprägt; man möchte in Ruhe gelassen werden. Man träumt davon, das Leben zu genießen, aber die Finanzen reichen nicht. Die Familie ist eher eine Last. Der Beruf dient dazu, Geld zu verdienen. Indifferent gegenüber dem technischen Fortschritt. Politik interessiert nicht, Religion kaum. Irgendwie wird der Staat schon das Richtige tun, und das soll möglichst reibungslos geschehen. ...

6. Der pflichtorientierte, statusbewußte und konventionsbestimmte Arbeitnehmer (10 Prozent). Starke Gewerkschaftsbindung, man legt Wert auf geordnete Verhältnisse, auch im Staat, man möchte nicht auffallen. Sozialstaat ist wichtig. Familie (konservative Rollenverteilung) hat zentrale Stellung. Berufsleben dient dem Broterwerb, ist Pflichterfüllung. Technischer Fortschritt wichtig, aber nicht zentral. Wenig politisches Interesse, aber relative Zufriedenheit mit dem System. Großer Respekt vor Gesetz und Ordnung. ...

7. Der aufgeschlossene, anpassungsfähige, leistungsbereite "Normalbürger" (25 Prozent). Drei Viertel haben ein eigenes Haus, die Hälfte sind soziale Aufsteiger. Man steht fest auf dem Boden der konservativen Ordnung, ist stolz auf das Erreichte, nationalbewußt. Selbstentfaltung soll aber auch sein, Sozialstaat wird befürwortet. Harmonisches

Familienleben konservativen Stils gilt als Ideal. Freizeit, Familie, Beruf - alles hat seinen Wert, aber der
Beruf noch ein wenig mehr. Statusbewußt. Technischer Fortschritt sichert Wohlstand. Politisch mäßig interessiert,
Respekt vor Gesetz und Ordnung, starke Hand kann nicht
schaden. Sehr anpassungsfähig. ...

8. Der gehobene Konservative (10 Prozent). Hohes Bildungsni-
   veau, hoher Lebensstandard, Kirchenbindung stark, große
   Distanz zu den Gewerkschaften. Man ist für geordnete Verhältnisse, Leistung, Disziplin und vor allem für Pflichterfüllung. Gegenüber Selbstentfaltungswerten offen, aber
   distanziert. Traditionelle Ehe und konservative Erziehung.
   Beruf hat Vorrang. Mißtrauisch gegenüber Aufsteigern.
   Technischer Fortschritt ist wichtig, sollte aber nicht
   übertrieben werden. Großes Interesse für Politik, hohe
   Systemzufriedenheit. Staat muß für Recht und Ordnung sorgen. ...

9. Der aktive ältere Bürger (12 Prozent). Eindeutig konservativ, für geordnete Verhältnisse, Sparsamkeit und Nationalbewußtsein, gegen Genußsucht und Freizeitgesellschaft.
   Familie (traditionelle Struktur) hat überragende Bedeutung. Technischer Fortschritt macht Angst, man versteht
   vieles nicht mehr. Sehr starke Beziehung zu Kirche und
   Religion. Hohe Zufriedenheit mit dem politischen System,
   Regierung (notfalls starker Mann) muß für Recht und Ordnung sorgen. Politisches Engagement erschöpft sich in der
   Stimmabgabe. ...

10. Der isolierte alte Mensch (3 Prozent). Viele alte Frauen,
    oft alleinstehend. Einkommen und Bildung gering
    Wertestruktur sehr konservativ, Fortschritt in jeder Form
    macht Angst, technikfeindlich. Man möchte sich ausruhen.
    Religion wichtig, fast ohne Beziehung zur Politik. System-
    zufriedenheit ist nicht sehr hoch, für hartes Durchgreifen
    des Staates." ...

Wenn auch der Anteil der Bevölkerung - die die neuen Werte
adaptiert haben - zunächst noch relativ niedrig sein mag, so
darf nicht verkannt werden, daß auch bei jenen Gruppen, die
nach der SPK-Umfrage als konservativ und traditionsverhaftet
eingestuft werden, partielle Wertewandlungen - wie die zuvor
zitierten Umfragen zeigen - konstatiert werden können.

Zu bedenken ist allerdings bei einer Bewertung solcher Umfragen
generell, daß ein Teil der Antworten erwünscht sind, d.h. zwischen den Antworten zu solchen Umfragen und dem tatsächlichen
(oft späteren) Verhalten, mögen Unterschiede bestehen, die

schwer zu quantifizieren sind. Raffée/Wiedmann (1983, S. 69) formulieren dies wie folgt: "Derartige Dinge sind leichter gesagt als getan."

3.7 **Wertewandel und jüngere Generation**

Interessant sind in dem Zusammenhang insbesondere die Verhaltensänderungen der jüngeren Generation. Die schon zitierten Ergebnisse der Enquête-Kommission des Deutschen Bundestages "Jugendprotest im demokratischen Staat" (1983) belegen dies eindringlich. Einige der auch für die künftige Raumordnungspolitik bedeutsamen Ergebnisse dieser Kommission seien nachfolgend zitiert:

"Die These, daß sich die "postmaterialistischen Werte" insbesondere in der jungen Generation ausbreiten, ist zwar in der Sozialwissenschaft nicht ganz unumstritten, scheint aber teilweise durch empirische Untersuchungen bestätigt zu werden. Der hier angesprochene "Wertekonflikt" hängt zusammen mit den unterschiedlichen Erfahrungen der Älteren, die in den Kriegs- und Nachkriegsjahren allgemein Not erlebten und wesentlich vom Streben nach Wohlstand und sozialer Sicherheit geprägt sind, sowie den Erfahrungen der Jügeren, die in Wohlstand und sozialer Sicherheit aufgewachsen sind und dies als selbstverständlich hinnahmen.

Bestand über die Tatsache eines gesellschaftlichen Wertewandels und seines Einflusses auf die Protestbewegung noch weitgehend Einigkeit, so zeigten sich bei den Sachverständigen in der Einschätzung dieser Vorgänge unterschiedliche Meinungen. Man wird den positiven Ansätzen in der Protestbewegung nicht gerecht, wenn man ihr allgemein eine tiefe Gefühlsbetontheit und Verstandesfeindlichkeit, die Ablehnung des Leistungsprinzips und eine sich als "anarchistisch" verstehende Freiheitsauffassung zuweist. Trotzdem darf nicht übersehen werden, daß eine Selbstverwirklichung die ihre Sozialbindung bestreitet und sich nur an den eher lustbetonten eigenen Bedürfnissen orientiert, sich selbst wieder zerstören würde. Sie würde auch jenen inneren Zusammenhang auflösen, der zwischen dem neuen Wertbewußtsein und der Sinnfrage gerade für junge Menschen besteht." (S. 48)

"Im Zusammenhang mit dem hier angesprochenen Fragen des Wertwandels darf auch nicht übersehen werden, daß die Struktur und Dynamik unserer Industriegesellschaft und ihrer Arbeitsweise selbst die Herausbildung einer "ambivalenen" oder "doppelten Moral" begünstigt haben. Dies läßt sich beispielhaft im Spannungsverhältnis zwischen Arbeits- und Konsummoral zeigen: Wie nie zuvor in der Geschichte wurden in der Industriegesellschaft Mensch und Gesellschaft von der Arbeit und der ökonomischen Leistung her definiert. Arbeit und Erwerb wurden weithin zum wichtigsten Mittel gesellschaftlichen Erfolges und eines sinnerfüllten Lebens; sie sind fortan nicht mehr nur notwendige Bedingungen menschlicher Existenz, sondern vielfach beherrschender Lebensinhalt. Die - auch gegenüber vorindustriellen Epochen -verlängerte Arbeitszeit und erheblich gesteigerte Arbeitsintensität, die erhöhten Mobilitätanforderungen und die damit zusammenhängende Zerstörung traditionaler Lebensbezüge machten das Leben für die meisten Menschen weitgehend zum Arbeitsleben. Entsprechend war Erziehung nun vor allem anderen Erziehung zur Arbeit: Tugenden wie Fleiß, Sparsamkeit und Disziplin hatten Vorrang.

Erst die Weiterentwicklung der Industriegesellschaft zur Gesellschaft des Massenkonsums brachte hier einen Wandel. Der Aufspaltung des Lebens in Arbeits- und Freizeit, die durch die fortschreitende Verkürzung der Arbeitszeit immer deutlicher wurde, entsprach bald eine Aufspaltung der Moral in eine asketische Arbeitsmoral und eine hedonistische, d.h. eine ausschließlich und zumeist auch auf unmittelbaren Lustgewinn ausgerichtete Konsummoral. Die Konsumgesellschaft förderte gleichzeitig beide sich widersprechenden Moralen und begünstigte so eine folgenreiche gesellschaftliche Bewußtseinsspaltung. Die Klammer zwischen den beiden Moralhaltungen besteht vor allem im Ökonomismus, in der Auffasung nämlich, daß allein das ökonomisch Verwertbare im Leben zählt. Etwas- wenn möglich, immer mehr - leisten und sich etwas - wenn möglich, immer mehr - leisten können, darauf reduziert sich nach ökonomistischer Sicht der Inhalt des menschlichen Lebens." (S. 48/49) ...

"Mit der Verschiebung der Gewichte zwischen Arbeit und Freizeit geht nicht nur und nicht überall der Vorrang der Konsummoral vor der traditionellen Arbeitsmoral einher. Auf der Grundlage eines hohen Niveaus der materiellen Lebenssicherung und des Zurücktretens der Arbeitswirklichkeit als beherrschenden Faktors in der Gesellschaft gewinnen auch nicht-ökonomische, postmaterialistische Werte an Bedeutung. Dies spielt in neuerer Zeit vor allem, aber keineswegs ausschließlich, bei den Jüngeren eine Rolle. Der Jugendprotest ist in weiten Teilen nur zu verstehen, wenn man auch diesen - in objektiven Veränderungen gründenden - Wertwandel und den damit zusammenhängenden Wandel der Lebensformen berücksichtigt. Die verstärkt vorgebrachte Forderung nach "Selbstverwirklichung" und "Selbstbestimmung", die im neuen Jugendprotest ebenso wie in der Studentenbewegung am Ende der sechziger Jahre eine zentrale Rolle spielt, ist aber insofern doppeldeutig, als sie sowohl im Sinne der Konsummoral, d.h. hedonistisch, als auch im Sinne einer neuen sozialen postmaterialistischen Sicht und Lebensweise verstanden werden kann.

Im Jugendprotest treten die hedonistisch und die postmaterialistische Variante gelegentlich vermischt auf. Allerdings ist
nicht zu übersehen, daß hier - oft im Gegensatz zu der eher
hedonistisch geprägten Erwachsenenkultur - das postmaterialistische Moment vorherrscht. Daß es sich bei der sich im Jugendprotest ankündigenden Umwertung nicht einfach um die Ab-
solutsetzung einer hedonistischen Konsummoral handelt, wird
besonders deutlich an den von Minderheiten unternommenen Versuchen, auch die Arbeitswelt im weitesten Sinne von den neuen
Werten her umzugestalten. Die mit dem Jugendprotest eng ver-
flochtenen "neuen sozialen Bewegungen", insbesondere die Al-
ternativbewegung, streben auch danach, Formen des Arbeitens,
des Produzierens, der gesellschaftlichen Leistungserbringung
durchzusetzen. Diese erlauben in einem erweiterten Sinne die
Entfaltung menschlicher Möglichkeiten und suchen Strukturen
der Unterordnung, übertriebene Konkurrenz, zu weit getriebene
Spezialisierung und Monotonie zu vermeiden. Es geht also auch
hier im Kern nicht um verneinung von Leistung, sondern um die
Veränderung der Bedingungen, unter denen Leistung erbracht
wird, und um den humanen und sozialen Sinn der Leistung.

Damit im Zusammenhang sind auch die Versuche zu sehen, die
rigide Trennung von Arbeit und Freizeit zu überwinden, Formen
der Integration von Wohnen und Arbeiten zu entwickeln und
insgesamt eine ganzheitliche Sicht gegen die moderne Zer-
stückelung des Lebens und der Menschen durchzusetzen. Die
neuen sozialen Bewegungen setzen im ganzen weniger auf die
Befreiung von der Arbeit als auf die Befreiung der Arbeit"
(S. 50/51) ...

"Jugendliche lehnen Leistung nicht schlechhin ab; Jugendliche
setzen die Leistung lediglich nicht als obersten Wert ihres
Lebens und lassen sich nicht für alles einspannen. Sie können
und wollen außerordentliche Leistungen erbringen, wenn sie
von den Zielen überzeugt sind und sich auch persönlich gefordert fühlen. Beispiele für eine sinnbringende Arbeit sehen
sie im Einsatz für Jugendzentren, für sozial Benachteiligte,
für Völker der Dritten Welt, für Abrüstung und Friedenssiche-
rung. Leider werden sie oft an einer eigenständigen sozialen
Leistung gehindert, manchmal sogar in ein gesellschaftliches
Abseits gedrängt. Statt Ermutigung erleben sie häufig Entmu-
tigung." (S. 52) ...

"Die Kommission geht davon aus, daß unsere Gesellschaft auch
in Zukunft arbeitsteilig organisiert sein muß, wenn wir der
Verantwortung für ein menschenwürdiges Leben in der Welt gerecht werden wollen.

Die heißt aber nicht, daß wir die Tendenz zu immer weiterer
Zentralisierung und Machtkonzentration in Wirtschaft und Gesellschaft tatenlos hinnehmen müssen. Wo immer es von der
Sache her möglich und sinnvoll ist, sollten Entscheidungen
nach unten verlagert werden, damit allzu große Machtkonzen-
trationen vermieden und die Lebensbereiche für die Bürger

durchschaubarer gemacht werden. Dies ist für Bestand und Weiterentwicklung der Demokratie unerläßlich, da die Möglichkeit, bei öffentlichen Aufgaben mitzusprechen und zu entscheiden, sie gegebenenfalls sogar selbst zu übernehmen, wesentlich davon abhängt, daß die Bürger Voraussetzungen und Folgen der anstehenden Probleme einigermaßen überblicken können. Darüber hinaus entsprechen kleinräumige Organisationsformen dem verbreiteten Bedürfnis der Menschen nach Überschaubarkeit und Geborgenheit.
Kleine Einheiten sind auch die Voraussetzung der von Jugendlichen erwarteten Selbstverwirklichung: Ein überschaubarer Raum, in dem sie Freiheit und Verantwortung. Gestaltungsmöglichkeiten und Rücksichtnahme gleichermaßen erproben und lernen können, wo sie mit anderen arbeiten, solidarisch zusammen Konflikte bewältigen, leben und lernen und menschlichen Kontakt finden.

Dezentralisierung bedeutet im Bereich der Wirtschaft, daß wirkungsvolle Maßnahmen gegen Konzentration und Zentralisation und zur Förderung kleiner und mittlerer Betriebe getroffen werden müssen. Dezentralisierung im staatlichen Bereich heißt zunächst, daß öffentliche Dienstleistungen möglichst bürgernah erbracht werden müssen.
Dazu schlägt die Kommission vor,
- Aufgaben auf die niedrigstmögliche Ebene der Verwaltung zu verlagern,
- die unteren Ebenen, besonders die Städte, Gemeinden und Kreise finanziell so auszustatten, daß sie ihren vielfältigen Aufgaben nachkommen können.
- Maßnahmen zu ergreifen, um den Wirrwarr der Mehrfachzuständigkeiten abzubauen und
- die Entscheidungskompetenz der Verwaltungsbediensteten vor Ort zu gewährleisten.

Aktives Engagement vieler Bürger für unseren Staat ist unersetzlich für eine demokratische Weiterentwicklung der Bundesrepublik Deutschland. Dazu gehört auch die Beteiligung an Bürgerinitiativen. Bürgerinitiativen und das Entstehen neuer Parteien zeigen, daß entgegen der Meinung vieler Kritiker das politische System der Bundesrepublik Deutschland flexibel auf die Anliegen der Bürger reagieren kann. Dies wird auch bei den Erfolgen deutlich, die manche Bürgerinitiativen in den letzten Jahren erreicht haben." (S. 109/110) ...

"Je weniger der einzelne seine Zeit der Erwerbsarbeit widmen muß, um so intensiver erlebt er sein umittelbares Wohnumfeld. Die Bedeutung, die Wohnung und Wohnumfeld heute schon haben, wird in Zukunft noch steigen. Deshalb ist nicht nur die ausreichende Bereitstellung von Wohnraum eines der drängendsten Probleme der nächsten Jahre; Wohnungen müssen zudem so beschaffen sein, daß sich ihre Bewohner in ihnen auch wohlfühlen.

Wir müssen deshalb zunächst Städte und Gemeinden als Wohnumfeld verbessern. Dazu ist ein behutsamer Umgang mit gewachsenen und verwachsenen Stadtstrukturen unabdingbar, um einen Ausgleich zwischen den verschiedenen Funktionen von Wohnen, Arbeiten, Erholen und Verkehr im einzelnen Stadtquartier zu finden. Weder in der Gesamtstadt noch in einzelnen Stadtteilen dürfen Lücken entstehen, die zur Vernachlässigung einer der lebenswichtigen Funktionen führen. Es war falsch, in der Vergangenheit Gewerbebetriebe aus Wohnvierteln gänzlich zu verlagern. Wir müssen in der Flächennutzung viel mobiler werden und die unterschiedlichsten Nutzungsmöglichkeiten in einem Quartier zulassen. Neben der Nutzungsvielfalt brauchen wir eine Formenvielfalt, die allein gegen die erdrückende Monotonie mancher Trabantensiedlungen hilft.

Wenn die unterschiedlichen Funktionen des menschlichen Lebens in einem Stadtteil wieder vereinigt werden, so ist damit ein Stück überschaubare Umwelt geschaffen. Überschaubarkeit beinhaltet das Gebot der Dezentralisierung. Durch die Fortentwicklung der Technik wird es möglich, auch Arbeitsplätze und Produktionsstätten dezentraler anzubieten. Arbeitsplätze können dadurch räumlich besser verteilt werden, so daß im Kern und im Umland der Städte eine stärkere Funktionsverflechtung zwischen Wohnen und Arbeiten stattfindet.

Die Kommission empfiehlt, weit mehr als bisher bei der Flächennutzungsplanung die Mischung unterschiedliche Funktionen zu berücksichtigen und zuzulassen. Nicht nur die Zahnarztpraxis oder der kleine Gewerbebetrieb kann in einem Wohnviertel Platz finden. Eine generelle Mischung von Wohnflächen und Arbeitsflächen ist möglich geworden. Der Städtebau muß heute vor allem noch einfühlsamer vorhandene Substanzen achten und erhalten, sie vorsichtig und behutsam zu lebenswertem Wohnraum aufwerten und erneuern. Stadtbilder sind die sichtbare Geschichte eines Volkes. Der Mensch soll sich mit ihnen identifizieren können.

Oberstes Ziel einer vernünftigen Städtebaupolitik muß deshalb sein, Stadtviertel und Quartiere zu erhalten, in denen es eine gewachsene Sozialstruktur gibt und Veränderungen in der Bausubstanz dieser Struktur anzupassen sind." (S. 118/119)
...

"Eine ungesteuerte und ungebremste technisch-ökonomische Entwicklung zerstört den natürlichen Gleichgewichtsstand zwischen Mensch und Natur, der allein das Leben der Menschheit auf Dauer garantieren kann. Unsere Erde ist der Lebensraum für Milliarden Menschen und viele Millionen tier- und Pflanzenarten. Über Millionen von Jahren befand sich diese Erde im ökologischen Gleichgewicht. Jetzt ist dieses System in Gefahr. Wir können diese Gafahr nur abwenden, wenn wir uns auf die ökologischen Gesetzmäßigkeiten unserer Welt neu besinnen. Wir müssen lernen, uns diesen Gesetzmäßigkeiten unterzuordnen und die Grenzen des Machbaren zu begreifen. Die schwerste Gefährdung droht dem ökologischen System durch die Vielzahl von künstlichen Großsystemen, die der Mensch ohne Berücksichtigung der Folgen und Auswirkungen geschaffen hat.

Eine Beachtung ökologischer Erfordernisse berührt alle Bereiche des menschlichen Lebens: Sie beinhaltet den Naturschutz und die Rettung bedrohter tier- und Pflanzenarten. Sie verbietet die weitere Belastung der Umwelt durch Schadstoffe, Abgase und Abwässer und zwingt zu einem anderen, sparsameren Umgang mit Rohstoffen sowie zur Erforschung neuer Substitutionsmöglichkeiten. Sie gebietet die Auffächerung von Großsystemen in kleine, dezentrale und in die Umwelt eingepaßte Kleinsysteme und fordert von uns allen eine neue Denkweise. Auch dürfen wir Natur nicht konsumieren, wie wir andere Gebrauchsgüter verbrauchen, sondern müssen Natur respektieren und uns in sie einpassen.
Alle Bereiche politischer Entscheidung haben darauf Rücksicht zu nehmen, vor allem die Wirtschafts- und Regionalpolitik, der Städtebau und der Landschaftsschutz, die Verkehrspolitik, die Abfallwirtschaft, die Wasserversorgung, der Gewässerschutz, die Luftreinhaltung, die Lärmeindämmung, die Energiewirtschaft und die Land- und Forstwirtschaft.
Als wesentliche Bedrohung wird heute, unabhängig von der jeweiligen Technologie, mehr und mehr die Größenordnung, die Maßlosigkeit im Gebrauch technologischer Möglichkeiten empfunden: achtspurige Autobahnen, manövrierunfähige Supertanker, weit überdimensionierte Brücken- und Stauprojekte, ausufernde Riesenstädte, Überproduktion und Raubbau an natürlichen Rohstoffen und vieles andere mehr. Aus dieser technologischen Gigantomanie erwachsen Gefahren und Risiken, die nicht mehr zu bewältigen sind. Dem stehen heute dezentrale, autarke Lebens- und Versorgungsmodelle entgegen, die auf der Basis von Selbsthilfe und Eigenarbeit funktionieren. Die Gigantomanie wird jedoch nicht nur durch eine Alternativökonomie bekämpft. Zahlreiche Dienstleistungen, insbesondere die personenbezogenen, sind auf autonom-dezentrale Organisationsformen angewiesen, um die notwendigen direkten menschlichen Beziehungen verwirklichen zu können. Über die Produktion von Sachgütern hinaus werden hierfür soziale Phantasie, Kreativität und Teilhabe verlangt.

Die Enquête-Kommission fordert dringend, die Umweltpolitik in das Zentrum politischer Entscheidungen der nächsten Jahre zu stellen. Sie erhebt diese Forderung nicht zuletzt angesichts der günstigen arbeitsmarktpolitischen Folgen, die sich durch einen Ausbau der Umweltschutztechnologie und durch die Umstellung auf umweltgerechte Formen des Wirtschaftens ergeben. Bereits heute gibt es in der Bundesrepublik über 1100 Unternehmen, die Umweltschutztechnik und -beratung anbieten. Sie haben insgesamt etwa eine halbe Million Beschäftigte mit hoher Qualifikation." (S. 122-124) ...

"Politik wird auf Dauer nur dan Vertrauen gewinnen können, wenn sie auch für die nachfolgenden Generationen Gestaltungsspielräume läßt. Wenn die Generation, die heute politisch

entscheidet, die Probleme der Gegenwart auf Kosten der Zukunft löst, darf sie sich nicht wundern, wenn junge Menschen
gegen diese Politik protestieren. Die Enquête-Kommission
nimmt deshalb den Protest junger Menschen zum Anlaß, darauf
hinzuweisen, daß wir die Kosten politischer Lösungen nicht
nachfolgenden Generationen aufbürden dürfen. Wenn junge Menschen über ihre eigene Zukunft entscheiden sollen, dann ist
es heute unsere Aufgabe, Zukunft auch offenzuhalten, damit
Entscheidungen noch möglich sind." (S. 126)

Diese Einschätzung der Enquête-Kommission des Deutschen Bundestages, deren Untersuchungen sich auf die jüngere Generation in
der Bundesrepublik bezogen, ist deswegen so ausführlich zitiert, weil aus den Darstellungen und Wertungen die Unterschiede zwischen dem offensichtlich vorhandenen Bewußtsein der jüngeren Generation und der Realität staatlicher Problemwahrneh-
mung größere Diskrepanzen vorhanden sind als von den Trägern
der staatlichen Institutionen (und damit auch denen der Raumplanung) angenommen wird. Wenn auch der Eindruck bestehen könnte, daß vier Jahre nach Erscheinen des Berichtes der Enquête-
Kommission der Protest schwächer geworden sein kann, so ist
nicht zu verkennen, daß die Ursachen dieses Protestes nahezu
unverändert wirken.

Raffée/Wiedmann (1983) weisen zu Recht daraufhin (S. 70), "daß
die Jugendlichen, die in besonderem Maße für neue Ziele eintreten, mit zunehmenden Alter und Etabliertsein konservativ werden.
Demgegenüber ist allerdings zu berücksichtigen:
- Der Anteil der Konsumenten, die sich tatsächlich ökologiebe-
  wußt verhalten, wird größer.
- Es sind nicht nur Jugendliche ..., die sich für die Verwirklichung der einzelnen Ziele einsetzen". ...

"Dennoch besteht kein Zweifel, daß das verbleibende Potential
der vom Wertewandel erfaßten Bevölkerung sowohl de facto als
auch von seinen Entwicklungsmöglichkeiten her enorm ist. Ansatzpunkte für die Nutzung solcher Entwicklungsmöglichkeiten
bieten nicht zuletzt auch jene psychischen Spannungen (kogni-
tive Dissonanzen), die auftreten, sofern Wertvorstellungen
und Verhalten auseinanderklaffen." (S. 70)

Daß dieser Wertewandel und die damit einhergehenden Folgen auch
von der Wirtschaft in ähnlicher Weise wie die zuvor dargestellten Ergebnisse eingeschätzt werden, zeigt beispielhaft eine
Studie der Deutschen Shell AG (DEUTSCHE SHELL, 1983). In zwei
alternativen Szenarien "Disharmonien" und "Strukturwandel" wird
dem Wertewandel (als Mentalitätswandel bezeichnet) eine erhebliche Bedeutung beigemessen, wie die nachfolgende Grafik zeigt:

<u>Übersicht 6</u>: Alternative Szenarien der Deutschen Shell AG
(1983)

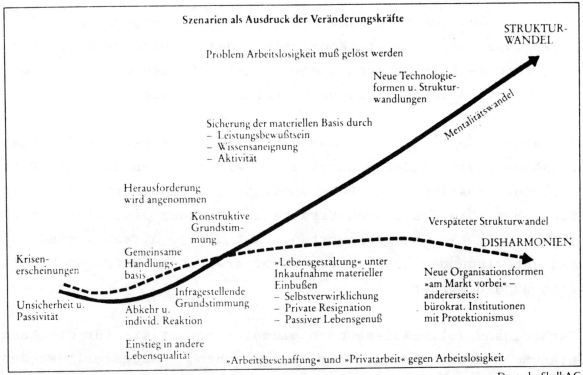

Szenarien als Ausdruck der Veränderungskräfte

STRUKTUR-WANDEL

Problem Arbeitslosigkeit muß gelöst werden

Neue Technologie-
formen u. Struktur-
wandlungen

Mentalitätswandel

Sicherung der materiellen Basis durch
– Leistungsbewußtsein
– Wissensaneignung
– Aktivität

Herausforderung
wird angenommen

Konstruktive
Grundstim-
mung

Verspäteter Strukturwandel

DISHARMONIEN

Krisen-
erscheinungen

Gemeinsame
Handlungs-
basis

»Lebensgestaltung« unter
Inkaufnahme materieller
Einbußen
– Selbstverwirklichung
– Private Resignation
– Passiver Lebensgenuß

Neue Organisationsformen
»am Markt vorbei« –
andererseits:
bürokrat. Institutionen
mit Protektionismus

Unsicherheit u.
Passivität

Abkehr u.
individ. Reaktion

Infragestellende
Grundstimmung

Einstieg in andere
Lebensqualität

»Arbeitsbeschaffung« und »Privatarbeit« gegen Arbeitslosigkeit

Deutsche Shell AG

Die Deutsche Shell AG umschreibt die Variante "Disharmonien"
mit Schlagworten wie geringe Umgestaltung der Volkswirtschaft,
langfristige Wachstumsschwäche, Bürokratisierung und Protektionismus, ... zunehmende Technikfeindlichkeit, Schattenwirtschaft
...
Die Variante "Strukturwandel" wird mit Begriffen wie Einführung
neuer Technologien, Entwicklung neuer Märkte, Wiederherstellung
eines Konsenses von Staat, Wirtschaft und Bevölkerung, Akzep-

tanz der technischen Entwicklung unter Berücksichtigung der Umwelt umschrieben.

Wenn auch gegen die Bewertung der beiden Varianten erhebliche Bedenken bestehen - die Variante Strukturwandel geht von einem tradierten Wertesystem aus (vgl. dazu auch M. Jänicke, 1985 und A. Löw, 1985) - so soll mit dieser Darstellung lediglich nachgewiesen werden, daß selbst Vertreter der Wirtschaft dem Mentalitäts(Werte)wandel eine zentrale Bedeutung bei der Fortentwicklung von Gesellschaft und Wirtschaft beimessen.

Die zuvor auszugsweise dargestellten Umfrageergebnisse und die Ergebnisse der Enquête-Kommission des Deutschen Bundestages "Jugendprotest im demokratischen Staat" stellen die eine Seite des Wertewandels dar, wie er zu erfassen versucht wird.

Die andere Seite ist die, daß ein Teil dieser Wert- und Verhaltensänderungen wiederum durch die Veränderungen der die Werthaltungen bestimmenden Lebensbedingungen induziert oder beeinflußt hat. Die Frage nach Ursache und Wirkung ist sicher nicht immer eindeutig zu beantworten. Auf einige dieser veränderten Rahmenbedingungen ist in den zuvor erwähnten Umfragen bereits eingegangen worden.

Nachfolgend sollen diese noch einmal - soweit sie für die Raumplanung bedeutsam sind - im Zusammenhang dargestellt werden. Verwiesen wird in dem Zusammenhang vor allem auf die von R. Mackensen, E. Umbach und R. Jung herausgegebene Arbeit "Leben im Jahr 2000 und danach - Perspektiven für die nächsten Generationen" (1984).

Wesentliche Rahmenbedingungen für den aktuellen Wertewandel
sind

- der veränderte Altersaufbau und die geänderte Bevölkerungs-
  struktur,
- die Veränderungen in der Familienstruktur,
- im Heiratsverhalten
- die Veränderungen im generativen Verhalten,
- in der Erwerbstätigkeit der Frauen,
- der Emanzipation der Frauen (gleichberechtigtes Rollenverhal-
  ten), und
- die z.T. frühere Verselbständigung der heranwachsenden Kin-
  der.

Während die Folgen der veränderten demographischen Gegebenheiten aus der Sicht der Raumplanung hinreichend analysiert sind
(vgl. z.B. Mackensen/Umbach, 1984, BMBAU, 1985, für Nordrhein-
Westfalen Luther et al.), scheinen die räumlichen Konsequenzen
der insbesondere durch die Wertveränderungen im Hinblick auf
die Emanzipation der Frauen und der geänderten Familienstruktu-
ren noch klärungsbedürftig. F. Capra (1983) mißt der Emanzipation der Frauen in den nächsten Jahren eine zentrale Stellung
bei der Veränderung der Gesellschaftsstrukturen bei und zwar
nicht nur aus Anlaß der zunehmenden Erwerbstätigkeit von Frau-
en, sondern über zunehmende Teilhabe an gesellschaftlichen Entscheidungen.

In einzelnen Untersuchungen ist der Versuch unternommen, die
Auswirkungen des Wertewandels und die künftigen Anforderungen
auf Siedlungsstrukturen oder Teilen von ihnen (z.B. Wohnungs-
und Städtebau) zu beschreiben und zu quantifizieren (beispielhaft: E. Spiegel, 1986; P. Luther et al. für Nordrhein-Westfalen, 1985; H. Sauther, 1984 für den Wohnungsbau; U. Planck für
die ländlichen Gebiete, 1986; H.W. Ingefurth, S.Plamper für die
Städte (in: Mackensen, E. Umbach, R. Jung, Hrsg.) (1984), und
Klages für den Wohnungs- und Städtebau (1985), E. Hahn für die
Städte (1983), H. Berg unter dem Aspekt der Mobilität der Be-

völkerung (1986) und C. Geissler im Hinblick auf die Folgerungen für die Infrastrukturpolitik (1986)).

Neben den o.g. Veränderungen sind für den Wertewandel wichtige Rahmenbedingungen
- die Änderungen des Verhältnisses Arbeits- zur Freizeit
- die Zunahme der Heimarbeit (vor allem durch die Kommunikationssysteme begünstigt),
- die Änderungen in der Erwerbsstruktur,
- die hohe Arbeitslosigkeit,
- die Ausbildung eines dualen Sektor in der Gesellschaft (Schattenwirtschaft),
- die Änderungen im Freizeitverhalten (in der Wohnung und außerhalb),
- der zunehmende Einfluß von Verbänden auf politische und lokale Entscheidungen (Bürgerinitiativen einerseits und Berufs- und Fachverbände andererseits).
- Wandels des Nachbarschaftswesens u.a.

Es wird hier auf die Wiedergabe der Vielzahl von Einzelaussagen, die in diesen Studien dargestellt sind und insbesondere durch die Veränderungen der Lebensbedingungen und Verhaltensweisen bedingt sind, verzichtet.

Die räumlichen Konsequenzen sind in diesen Studien nur verbal und z.T. im kleinräumigen Maßstab angesprochen (z.B. Städtewachstum versus Entleerung ländlicher Gebiete: von Stadt zu Stadt verschieden und auch die ländlichen Gebiete werden die Auswirkungen dieser Änderungen in differenzierter Weise erfahren). Und auch über die Veränderungen des Verhältnisses Arbeitszeit - Freizeit und seine räumlichen Auswirkungen gibt es differenzierte Prognosen, die hier nicht im Einzelnen referiert werden sollen.

In allen zitierten Studien wird übereinstimmend die Zunahme des Umweltbewußtseins und zwar in zweierlei Hinsicht konstatiert:
- die eigenen Anforderungen an die Umweltqualität erhalten einen höheren Stellenwert (Wohnumwelt, Tourismus) als bisher
- die Anforderungen an Umwelt als freies Gut - ohne daß der einzelne derzeit direkt betoffen ist - steigen ebenfalls.
Das letztere auch unter dem Aspekt, daß Umwelt nicht mehr nur unter den anthropozentrischen Nutzungsaspekten bewertet wird, sondern als Sache an sich .

Die Anforderungen an die Umwelt beziehen sich auch nicht mehr nur auf den Zustand, sondern vor allem auf die Ursachen, die Umwelt beeinträchtigen oder zerstören. Damit ist die Frage der umweltfreundlichen Produktion in gleicher Weise ein "Wertgegenstand" geworden wie die Konsumtion, der Verkehr, das Bauen und das Wohnen und die Freizeit (vgl. z.B. den Konflikt Sport versus Naturschutz).
Neue Lebensformen stellen neue Anforderungen an die Flexibilität von Systemen und deren Einzelteile.

Einige Autoren, wie z.B. H. Lübbe (1984) oder E. Scheuch (1984), bestreiten den in diesem Abschnitt beschriebenen Wertewandel. Sie gehen von der Annahme aus, daß es sich um übliche Anpassungen von Wertvorstellungen im Zeitablauf an die skizzierten veränderten Rahmenbedingungen handelt. Obwohl es sich im Prinzip um ein Definitionproblem handelt, zeigen die Vielzahl der zitierten empirischen Untersuchungen mit Deutlichkeit, daß die Änderungen in den Wertvorstellungen eines großen Teils der Bevölkerung mehr ist als ein normaler Anpassungsvorgang: der Wertewandel ist ein dauerhafter gesellschaftlicher Prozeß von grundsätzlicher Art (Klages/Herbert, 1984).

3.8 **Thesen zum Wertewandel**

Die zuvor referierten Untersuchungen beziehen sich im Regelfall
auf bestimmte gesellschaftlich bedeutsame Einzelsachverhalte
oder relativ abstrakte gesellschaftliche Veränderungsprozesse.
Die Folgerungen daraus sind noch am ehesten auf der kleinen,
überschaubaren Ebene, also im lokalen Bereich, zu ziehen.
Schwieriger wird dies im großmaßstäblichen räumlichen Bezugsrahmen. Aussagen hierzu sollen in den nachfolgend formulierten
12 Thesen versucht werden:

1. Der sich vollziehende Wertewandel kann nicht mehr als eine
   Anpassung von Werten im Zeitablauf der Entwicklung definiert werden, sondern seine Dimensionen stellen z.T. tradierte, mindestens seit der industriellen Entwicklung eta-
   blierte Werte wie Arbeit, Leistung, Konsum u.a. in Frage.
   Es wird bezweifelt, daß Theorien, Modelle und Leitbilder,
   die auf diesen alten Werten basieren, noch geeignet sind,
   gegenwärtige Sachverhalte der Raum- und Siedlungsstruktur
   zu erklären. Fraglich ist auch, ob aus ihnen Handlungsvor-
   schläge für die Zukunft (Leitbilder, Ziele) abgeleitet
   werden können? Damit einhergeht eine andere Bewertung des
   Begriffes "rational". Anders formuliert: Die ökonomische
   Rationalität, die Gesellschaft, Staat und Private mindestens 150 Jahre maßgeblich geprägt hat, verliert ihre do-
   minierende Bedeutung zugunsten anderer Werte.

2. Die Dimension Raum mit seinen konstitutiven Merkmalen
   (Landschaft, natürliche Ressourcen, Siedlungsstruktur
   u.a.) wird künftig nicht mehr ausschließlich aus der Per-
   spektive anthropozentrischer Nutzungsoptionen analysiert
   und geplant sowie genutzt werden können. Die ethische Dimension der Nutzung und des Umganges mit der Natur gewinnt
   an Bedeutung.

3. Werthaltungen sind alters-, schichten- und berufsspezi-
fisch. Früher vorhandene regional differenzierte Werthaltungen (z.B. ländliche Gebiete - Großstädte) gleichen sich
in dem Maße an, in dem Landbewirtschaftung industriali-
siert wird, die Bildungsstruktur angepaßt und die Berufs-
struktur der ländlichen Siedlungen durch eine Gewichtsverlagerung zugunsten von außenorientierten Bevölkerungstei-
len verändert wird. Für die Raumplanung stellt sich die
Frage, ob sie diesen Egalisierungsprozeß fördern oder versuchen soll (wie bisher) alte Strukturen erhalten? Eine
dritte Alternative bestünde darin, neue eigenständige und
regional differenzierte Raum- und Siedlungstrukturmodelle
zu entwickeln, die den neuen und voraussehbaren Werthaltungen entsprechen.

4. Zwischen Wertewandel und dem generativen Verhalten bestehen Interdependenzen. Einerseits ist der Wertewandel durch
die demographische Entwicklung gefördert worden, zugleich
ist die Änderung des generativen Verhaltens Ergebnis des
Wertewandels. Die früher feststellbaren regionalen Unterschiede im generativen Verhalten gleichen sich an; sie
sind vor allem dort (statistisch) unterschiedlich, wo aufgrund bestimmter Altersstrukturen eine Entmischung stattgefunden hat oder stattfindet.

5. Die Folgen, die sich aus einer weiter sich verstärkenden
Emanzipation der Frauen für die politischen und gesell-
schaftlichen Strukturen und damit auch für die Raum- und
Siedlungsstruktur ergeben, sind bisher kaum bedacht (F.
CAPRA, 1982).

6. Durch die hohe Priorität des Wertes "gesunde Umwelt" und
"funktionsfähiger Naturhaushalt" (auf einem bestimmten
Niveau) werden Raum- und Siedlungsstrukturkonzepte und
Modelle (z.B. zentrale Orte, Entwicklungsachsen), aber
auch Nutzungskonzepte und -politiken (z.B. Agrar- oder

Verkehrspolitik) langfristig nur dann Bestand haben, wenn ihre Umweltverträglichkeit nachgewiesen werden kann. Dies wird in vielen Fällen neue Konzeptionen erfordern.

7. Da die meisten ländlichen Gebiete ihre "ökologische Unschuld" bereits verloren haben, ist die frühere Attraktivität dieser Gebiete (geringe Grundstückspreise, hohe Umweltqualität) zurückgegangen. Der von vielen, die dort in der Vergangenheit hinzogen, vermutete große Handlungsfreiraum für die Entfaltung ihrer Persönlichkeit, ist durch eine Vielzahl anderer Zwänge begrenzt; eine Rückwanderung größeren Ausmaßes in ländliche Gebiete ist nicht zu erwarten (abgesehen von weiteren Stadtrandexpansionen). Raumstrategien, die von dieser Annahme ausgingen (z.B. aus Gründen der Auslastung der vorhandenen Infrastruktur), scheinen unrealistisch (vgl. U. Planck, 1986).

8. Die Veränderungen in den Haushaltstrukturen erfordern geänderte Einschätzungen zu Bedarfsstrukturen und eine höhere Nutzungsflexibilität.

9. Die Zunahme der Freizeit und die dadurch ausgelösten Aktivitäten der Menschen werden trotz Steigerung des allgemeinen Umweltbewußseins die Konflikte zwischen Raumerhaltung und Raumnutzngen für diese Zwecke verschärfen; sie werden partiell jene Dimensionen annehmen, die derzeit zwischen Teilen der industriellen Produktion und der Umweltpolitik bestehen und zu lösen sind.

10. Umweltbelastungen allerorten, zunehmende Flächenansprüche für umweltunverträgliche Nutzung u.a., werden zu einer geänderten Bewertung des Eigentums, insbesondere an Grund und Boden und an Eigentumsrechten führen. Dieser Prozeß der Veränderung der Bewertung des Eigentums ist im Gange (vgl. die einschlägigen Urteile des BGH in den letzten Jahren, O. Kimminich, 1983). Dies wird es auch für die

räumliche Planung erforderlich machen, diese zentrale gesellschaftspolitische Frage künftig anders zu bewerten, als dies - basierend auf den Vorstellungen des SARO-Gutachtens (vgl. Kap. 4) - die Institutionen der räumlichen Planung bisher getan haben (Fortentwicklung des Aspektes der Sozialpflichtigkeit des Eigentums in Richtung "Ökologiepflichtigkeit" z.B. im Rahmen der Landnutzung, Chemiepolitik u.a.).

11. Die Anforderungen an die künftige Raum- und Siedlungsstruktur werden in stärkerem Maße als bisher regional differenziert sein müssen; die Erhaltung von vorhandenen typischen Strukturen scheint vorrangig. (Damit scheint auch die Frage negativ beantwortet werden können, ob es künftig noch ein oder das Leitbild der Raumordnung oder des Städtebaus geben soll?)[5]

12. Die Forderung nach kleineren Einheiten (small is beautiful), dezentraleren Entscheidungsstrukturen und stärkere Beteiligung der Betroffenen wird seitens der Institutionen der Raumplanung nicht mehr mit Hinweis auf § 1 Abs. 3 ROG (Gegenstromprinzip) und die repräsentativen Beteiligungsformen (Beiräte, Kommunalvertreter) zurückgewiesen werden können. Stärkere partizipationsorientierte Formen der Regional- und Landesplanung sind erforderlich. (Eine erste "Nagelprobe" dazu wird bereits dann gemacht, wenn das Raumordnungsverfahren als erste Stufe der Umweltverträglichkeitsprüfung im Rahmen der Umsetzung der EG-Richtlinie über die Umweltverträglichkeitsprüfung kodifiziert wird und eine Öffentlichkeitsbeteiligung auch für die Raumordnung zwingend wird).

---

[5] Und damit steht m.E. auch das Postulat von den gleichwertigen Lebensbedingungen, wie es bisher definiert wurde, zur Disposition. Gleichwertigkeit muß anders definiert werden!

4. Das SARO-Gutachten - raumplanerische Wertmaßstäbe der 50er und 60er Jahre

4.1 Zur Bedeutung des Gutachtens für die Raumordnungspolitik

Die noch heute gültigen Wertmaßstäbe für die Raumordnung in der Bundesrepublik Deutschland sind in starkem Maße durch das Sachverständigengutachten für Raumordnung (SARO-Gutachten, 1961) bestimmt worden. Es war eine Grundlage für das 1965 vom Deutschen Bundestag verabschiedete Bundesraumordnungsgesetz (ROG). Insbesondere in den Aussagen der §§ 1 und 2 (Ziele und Grundsätze der Raumordnung) wird versucht, die Wertmaßstäbe des SARO-Gutachtens normativ festzulegen. Die acht Flächenländer haben diese Wertmaßstäbe später - teilweise leicht verändert und der spezifischen Landessituation angepaßt - in ihre Landesplanungsgesetze übernommen.

In der Zeit vor Erlaß des Gesetzes wurde weniger mit Begriffen wie Werte oder Wertewandel, sondern vor allem mit dem Begriff "Leitbild der Raumordnung" operiert.

Unter Leitbildern wurden seinerzeit die Gesamtheit aller raumwirksamen Ziele verstanden, die in einer Zielhierarchie an oberster Stelle stehen und die es im Rahmen der Raumordnungspolitik zu verwirklichen gilt. Wichtig ist, daß solche Leitbilder nicht eine Summe von einzelnen raumwirksamen Einzeltatbeständen sein sollten, sondern eine irgendwie geordnete Struktur aufweisen müssen.

W. Ernst (1970) versteht unter dem Begriff der Leitbilder zweierlei: Wird unter dem Begriff Raumordnung die derzeit existierende reale Struktur verstanden, so "kann Leitbild nur das vorgestellte geordnete Bild der wesentlichen Merkmale dieses Zustandes und der erkennbaren Tendenzen zu seiner Veränderung bedeuten". Sieht man aber Raumordnung als aktives Tätigwerden

zur Veränderung an, dann gibt ein Leitbild die Ziele der Veränderung nach "erfolgreicher Durchführung dieser ordnenden Tätigkeit" vor.

Die Leitbilddiskussion in der Raumordnung (neueren Datums) geht
bis auf die 30er Jahre zurück, in denen Raumstrukturmodelle-
wenn auch noch sehr grob - skizziert wurden, die sich mit "der
Hemmung von Ballungstendenzen, Auflockerung von Ballungsräumen,
Kräftigung des Landes und der Landstädte (Isenberg, 1971, Umlauf, 1986) befaßten.

Die Leitbilddiskussion nach dem 2. Weltkrieg wurde sodann vor
allem von E. Dittrich, dem langjährigen Direktor des seinerzeit
dem Bundesinnenministerium und später dem Bundeswohnungsbaumi-
nisterium nachgeordneten Instituts für Raumforschung, in zahlreichen Publikationen wieder aufgenommen und mit den in den
50er/60er Jahren aktuellen raumpolitischen Fragen in Verbindung
gebracht. Insbesondere ging es in dem Zusammenhang auch darum,
die Aufgabe der Raumplanung in einem marktwirtschaftlichen System zu begründen und zugleich die Ordnungsvorstellungen für
die anzustrebende Raum- und Siedlungsstruktur zu beschreiben.
E. Dittrich hat in dieser Zeit versucht, die Zusammenhänge zwischen gesellschaftlicher und räumlicher Entwicklung aufzuzeigen
und damit auch den gesellschaftlichen Charakter der räumlichen
Planung ins Bewußtsein zu rufen.

Zu bedenken ist aus heutiger Sicht, daß seinerzeit nicht so
sehr die inhaltliche Ausgestaltung dieser Leitbilder vom Prinzip her strittig war, sondern
- die Frage, ob überhaupt in einem marktwirtschaftschaftlichen
  System ein System räumlicher Planung auf Bundesebene installiert werden sollte? Einmal bestanden aufgrund der allgemeinen planwirtschaftlichen und dirigistischen Erfahrungen aus
  der Zeit des Nationalsozialismus Vorbehalte auch gegen die
  Raumplanung und zum anderen hatte sich der Wissenschaftliche
  Beirat beim Bundesminister für Wirtschaft in einem Gutachten

(Wissenschaftlicher Beirat, 1957) Vorbehalte gegen diese Art
staatlicher Planung vorgebracht;
- die Länder trotz des Ergebnisses eines Rechtsgutachtens des
Bundesverfassungsgerichtes (vom 16.06.1954, BVerfGE 3.407)
über die Zuständigkeit des Bundes zum Erlaß eines Baugesetzes
erhebliche Bedenken gegen den Erlaß eines Bundesgesetzes ar-
tikulierten.

Also nicht eine grundsätzliche unterschiedliche Einschätzung
der Frage, was Raumordnung erreichen sollte ("über ein Leitbild
die Maßnahmen, zu denen sie hinführen sollte" (SARO-Gutachten,
S. 13), standen im Vordergrund der rd. 15-jährigen Diskussion
über die Raumordnung, sondern es wurden die Fragen diskutiert,
ob überhaupt Raumordnung zu betreiben sei und wer sie durchzuführen hat? Strittig war allerdings, insbesondere im Rahmen des
Gesetzgebungsverfahrens, die Bewertung des Ballungsprozesses,
dessen zu negative Einschätzung durch Interventionen der dem
Deutschen Städtetag nahestehenden Abgeordneten zu modifizieren
waren und schließlich auch zur Verwendung des Begriffes "Verdichtungsgebiete" (da der in Wissenschaft und Praxis geläufige
Begriff "Ballungsgebiet" negativ belegt sei) führte.

Dies zeigt sich auch in den verschiedenen Entwurfsstadien, die
das Gesetz bis zu seiner Verabschiedung erfahren hat. Während
der Entwurf von Abgeordneten des Deutschen Bundestages für ein
Rahmengesetz in der II. Legislaturperiode 1953 (Drs. 1656) nur
im § 1 Abs. 1 allgemeine Ziele enthält, sich im übrigen aber
auf eine Regelung des Bund-Länder-Verhältnisses und der Abstim-
mung innerhalb der Bundesregierung beschränkte (dies gilt auch
für die dann in den Bundestagsausschüssen fortentwickelte Fas-
sung, Stand Mai 1957), enthält der interfraktionelle Entwurf
aus der IV. Legislaturperiode 1962 (also ein Jahr nach Veröf-
fentlichung des SARO-Gutachtens) allgemein bereits leitbildähn-
liche Aussagen über

- das Stadt/Land-Verhältnis,
- die Sicherung der natürlichen Hilfsquellen (deren Bedeutung über den Rahmen eines Landes hinausgeht) und
- über die Sicherung angemessener Erholungsräume.

Im Regierungsentwurf eines Raumordnungsgesetzes (Drs. IV/1204) sind sodann maßgebliche Sachverhalte, die später - wenn auch z.T. verändert und anders gewichtet - in die §§ 1 und 2 Abs. 1 (Ziele und Grundsätze - Leitbild) in das ROG eingegangen; sie sind somit noch heute die inhaltlichen Vorgaben für die räumliche Planung.

Ausgehend vom Ergebnis des Gutachtens des Bundesverfassungsgerichtes 1954 und den Auffassungsunterschieden zwischen Bund und Ländern über die Kompetenzen in der Raumordnung erfolgte am 25.11.1955 ein Beschluß der Bundesregierung zur Einsetzung eines Sachverständigenausschusses mit dem folgenden Auftrag:

"Für eine fruchtbare Tätigkeit des Bundes auf dem Gebiet der Raumordnung ist eine klare raumpolitische Zielsetzung der Bundesregierung und eine Einigung über die hierfür anzuwendenden Methoden erforderlich, zumal die bisherigen Äußerungen einzelner Rossorts und die aus Wissenschaft und Praxis kommenden Forderungen nach einer zweckmäßigen Ordnung des deutschen Raumes noch weitgehende Divergenzen aufweisen. Die Ressorts sind daher überwiegend der Auffassung, daß zunächst für die Bundesregierung praktikable "Richtlinien" (ein Leitbild) für die Koordinierung der von der Bundesregierung zu treffenden Maßnahmen" erarbeitet werden müssen. Auf diese Richtlinien werden in Zukunft alle von den Bundesressorts zu treffenden, in dem Raum wirkenden Maßnahmen einzupassen sein. Da die Erarbeitung des Leitbildes einerseits Spezialkenntnisse auf dem Gebiet der Raumordnung erfordert und andererseits hierbei die Geschäftsbereiche mehrerer Ressorts berührt werden, erscheint es zweckmäßig, diese Aufgabe nicht einem einzelnen Ressort, sondern einem Sachverständigenausschuß mit qualifizierten Fachkräften zu übertragen." (SARO-Gutachten, S. 7)

Der Bundesminister für Wirtschaft stimmte der Errichtung des Ausschusses zu, hielt es aber für notwendig, dem Antrag insofern zu erweitern, als die Problematik und Konsequenzen der Durchführung eines raumpolitischen Leitbildes in staatsrechli-

cher, verwaltungsmäßiger und wirtschaftspolitischer Hinsicht
geprüft werden (SARO-Gutachten, S. 7) ... "Dies gilt umsomehr,
als es unumgänglich sein dürfte, daß sich der Ausschuß zur Erfüllung seines Auftrages auch mit der Vereinbarkeit der von ihm
anzugebenem Vollzugsmittel mit den Grundsätzen der sozialen
Marktwirtschaft auseinandersetzt." Bereits mit dieser "positiven" Intervention wird die Absicht des Bundesminister für Wirtschaft deutlich, den Auftrag so auszuweiten, daß Raumordnung
eher in "philosophischen Ebenen" angesiedelt wird, denn auf der
Ebene von praxisrelevanten Entscheidungen. Eine Strategie, die
der Bundesminister sodann in den nächsten 20 Jahren verfolgt
hat, insbesondere dann, wenn es um das von der Sache her strit-
tige Verhältnis "Raumordnung - regionale Wirtschaftspolitik"
ging.

Der Ausschuß hat 1956 seine nicht an Weisungen gebundene Tätigkeit aufgenommen, das Gutachten wurde nach 35 Sitzungen 1961
verabschiedet und im gleichen Jahr veröffentlicht. Zehn Sach-
verständige gehörten dem Gremium an, davon waren vier Vertreter
von Bundesministerien und Bundesinstitutionen (die z.T. früher
selbst planungspraktisch oder wissenschaftlich tätig waren),
zwei Vertreter aus Landesministerien und vier Professoren der
Universitäten Bonn, Göttingen und Köln.

Das 144 Seiten umfassende Gutachten ist wie folgt gegliedert:
I   Die räumliche Ordnung
     - Der Standort der Raumordnung
     - Die räumliche Ordnung
       -- Naturräumliche Veraussetzungen
       -- Wandlungen des Raumgefüges im Industrialisierungspro-
          zeß
       -- Die räumliche Ordnung in der Gegenwart
II   Das Leitbild der Raumordnung
III Raumordnungspolitik
     - allgemeiner Teil
     - Maßnahmen der Raumordnungspolitik.

Wenn auch die Ergebnisse des SARO-Gutachtens das Gesetzgebungsverfahren maßgeblich beeinfluß und somit auch über die Planungspraxis in den Raum gewirkt haben, so darf bei einer Einschätzung des Gutachtens aus heutiger Sicht nicht übersehen
werden, daß es damals auch nicht gelungen ist, ein tragfähiges
theoretisch fundiertes Konzept oder System zur Fortentwicklung
der Raum- und Siedlungsstruktur zu entwickeln. Dies ist keine
Kritik an den Verfassern des Gutachten, sondern eine
Feststellung, zumal dies bis heute, trotz eines unvergleichbar
höheren Forschungspotentials (im Verhältnis zu den 50er Jahren), nicht erreicht ist.

Im Zusammenhang mit der hier zu untersuchenden Frage - welche
Wertvorstellungen dem SARO-Gutachten zugrundeliegen? -, erscheint eine Dreiteilung zweckmäßig:

1. Welche Werte bestimmten das im Gutachten formulierte Leitbild?
2. In welchem gesellschaftlichen Kontext wird Raumplanung
   verstanden?
3. Welche Folgerungen werden aus der Beantwortung der beiden
   erstgenannten Fragen in methodischer und instrumenteller
   Hinsicht abgeleitet?

4.2 Die bestimmenden Werte des Leitbildes der Raumordnung nach dem SARO-Gutachten

Leitbilder sind Formprinzipien, die jeweils für eine historische Epoche die Lebenszusammenhänge in einem Gesamtzusammenhang
stehen und nach Auffassung der Gutachter der marxschen Definitionen entsprechend zum "Überbau" zu rechnen sind. Leitbilder
entfalten gesellschaftspolitische Wirklichkeit (S. 51).

Die Grundprinzipien werden mit Freiheit, sozialer Ausgleich und
Sicherheit beschrieben.

Freiheit wird, abgeleitet aus dem GG, mit der Freiheit der Nie-
derlassung, des Konsumierens, der Berufswahl und der Wahl des
Arbeitsplatzes beschrieben. Zugleich wird versucht, die Grenzen
dieser Freiheit, die sich aus räumlicher und sozialpolitischer
Sicht ergeben können, beispielhaft zu umschreiben. Die Gutachter kommen dabei zu dem Ergebnis, das im Rahmen eines allgemein
Leitbildes Rangordnungen des Ausmaßes an Einschränkungen dieser
Freiheit nicht aufgeteilt, sondern im Einzelfall bestimmt werden müssen.

Sozialer Ausgleich auf einem angemessenen Standort und Sicherheit (gemeint ist vor allem soziale Sicherheit) werden vorrangig durch die erbrachten Arbeits<u>leistungen</u> des Einzelnen (S.
52) begründet.

Raumordnung wird im Rahmen der Leitbilddarstellung als <u>optimale</u>
Zuordnung von Mensch und Raum definiert. Allerdings, dieses
Optimum wird nicht beschrieben. Indem auf Überlegungen eines
Ausschusses zur Länder-Neugliederung zurückgegriffen wird (sog.
Luther-Ausschuß), läßt sich vermuten, daß dieses Optimum vor
allem durch <u>wirtschaftliche Zweckmäßigkeit</u> und eine Angleichung
der <u>wirtschaftlichen Leistungsfähigkeit</u> der einzelnen Teilräume
bestimmt ist, wobei die natürlichen Bindungen des Menschen
(landesmannschaftliche Verbundenheit, historische Zusammenhänge) berücksichtigt werden sollen.

Im Gutachten werden sodann drei Gebietstypen beschrieben und es
wird versucht, ihre Funktion im Gesamtzusammenhang zu beschreiben:
- Ballungsgebiete,
- Notstandsgebiete als Ausdruck eines nicht verwirklichten
  Leitbildes und
- gesunde Agrargebiete.

Zentraler Bestandteil dieses Raumstrukturkonzeptes ist die Ausrichtung des Ballungsprozesses auf ein Optimum (weil man diesen

Prozeß nicht umkehren kann), weil dem Ballungsprozeß "gewichtige ökonomische und soziale Vorteile und respektable Motive der handelnden Personen" zugrundeliegen. Zugleich vertreten die Gutachter aber auch die Meinung, daß eine "Zerschlagung der Ballungen" nicht gefördert werden könne, das Raumgefälle (im Verhältnis zu den anderen Gebieten) zu erhalten sei, "denn auf ihm beruht eine wesentliche Antriebskraft der wirtschaftlichen und sozialen Entwicklung überhaupt" (S. 56). Die Gutachter weisen darauf hin, daß das Ballungsoptimum kein absolutes sein kann, sondern von Fall zu Fall, insbesondere unter Einbeziehung der "social costs" zu bestimmen ist und die Raumforschung diese Optima untersuchen sollte.

Für die sogenannten Notstandsgebiete, die ja schon in den 50er Jahren mit Maßnahmen der regionalen Wirtschaftspolitik vom Staat gefördert wurden, wurden diese Förderkonzepte bestätigt, d.h. die Verbesserung der Arbeitsplatzsituation und der Infrastruktur oder die Beseitigung struktureller Mängel wurden für erforderlich erachtet, ohne daß eigentlich deutlich wird, wie nun die Raum- und Siedlungsstruktur in diesen Gebieten entwickelt werden soll?

Neben Fragen der Eingliederung von Flüchtlingen und Vertrieben, der "sozialen Erosion des Zonenrandgebietes" werden
- einseitige räumliche Machtpositionen abgelehnt (gemeint sein kann die Ablehnung der Dominanz von finanzstarken Kommunen oder Regionen über schwächere),
- Forderungen zum Ausgleich von Stadt und Umland postuliert (Ballungsräume sollen sich nicht über ihr Optimum auf Kosten weniger entwickelter Räume vergrößern),
- das Kriterium der Krisenfestigkeit eingeführt (gemeint ist eine räumlich-wirtschaftliche, d.h. Verhinderung von wirtschaftlichen Monostrukturen) und
- die Landschafts- und Landespflege als Aufgabe der Raumordnungspolitik genannt (Erholung und Erhaltung einer Wirt-

schaftslandschaft: "Eine planmäßige und langfristige Landespflege wird daher vom Leitbild gefordert" (S. 63)).
Diese Sachverhalte werden als Einzelprobleme behandelt, ohne
daß aber ein systemarer Zusammenhang hinreichend verdeutlicht
werden konnte, der - wenn auch noch so grob - Verteilungs- und
Nutzungsmuster im räumlichen Sinne angibt.

Schließlich werden Aussagen über die Zuordnung von Wohnung und
Arbeitsplatz gemacht. Sie sollen einander zugeordnet werden,
wenn auch nicht immer in unmittelbarer Nachbarschaft. Das Pen-
deln von Wohn- und Arbeitsstätte bedeutet nach Auffassung der
Gutachter eine begrüßenswerte Lösung, wenn bei ihr die ökonomisch häufig unvermeidliche Konzentration des Arbeitsvorgangs
mit der Förderung der aufgelockerten Siedlungsweise vereinbart
werden kann (S. 62).

Dem Eigenheim wird eine Priorität eingeräumt. Es entspricht
auch "insofern den sozialen Vorstellungen des Leitbildes der
Gegenwart, als es Eigentum schafft. Das Leitbild geht dabei von
der Vorstellung aus, daß zur Freiheit des Menschen auch Eigentum gehört. Das Eigentum wird aber niemals allein bestimmend
sein können. So könen z.B. Wohnhochhäuser unter Berücksichtigung der jeweiligen städtebaulichen Möglichkeiten günstige
Wohngelegenheiten für Ledige oder kinderlose Familien bieten"
(S. 62).

Vor dem Hintergrund der in Kapitel 3 dargestellten Veränderungen von Werten in der jüngeren Zeit soll an dieser Stelle darauf verwiesen werden, daß an diesem von den Gutachtern skizzierten Leitbild insbesondere die folgenden Sachverhalte eine
Überprüfung bedürfen:

1. Lassen sich künftige anzustrebende Raum- und Siedlungsstrukturen noch mit dem vor allem ökonomisch determinierten
   Freiheitsbegriffe begründen?

2. Können künftige anzustrebende Raum- und Siedlungsstrukturen noch als offenes System beschrieben werden, in dem Raum (Fläche und Boden) letztlich als ubiquitäre Größe verstanden wird und auf dem letztlich - wenn auch mit gewissen Einschränkungen - alles gemacht werden kann, was der (wirtschaftlichen) Entwicklung dient?

3. Müssen die im Gutachten verwendeten Begriffe "Leistung" und "Entwicklung" anders definiert oder durch andere ersetzt werden?

4. Können Forderungen nach Eigenheimen, der Trennung von Wohn- und Arbeitsplatz noch Prämissen für die raumstrukturelle Entwicklung von morgen sein? Sind Familien und Nachbarschaftseinheiten in der Vorstellung des SARO-Gutachtens (S. 61/62) derzeit noch realisitsch oder gibt es oder wird es in Zukunft andere Organisationsformen geben, die bestimmte Anforderungen an die Raum- und Siedlungsstruktur stellen?

4.3 In welchem gesellschaftlichen Kontext wird Raumordnung verstanden?

"Unordnung im Raum bedeutet in diesem Zusammenhang, daß die Zuordnung der Menschen zu der räumlichen Lebenswelt ihres politischen Gemeinwesens nicht den Vorstellungen eines wirtschaftlich möglichst vorteilhaften und zugleich menschenwürdigen Daseins entspricht. Die Störung des Gleichgewichts im Haushalt der Natur, Kollisionen in der Raumbeanspruchung, sachwidrige räumliche Strukturierung des Wirtschafts- und Arbeitslebens, unzulängliche Siedlungsformen und Verkehrsverbindungen und die Lösung des Menschen von der Natur sind die wichtigsten Momente einer solchen Unordnung. Ihr entgegenzuwirken ist das Anliegen der Raumordnung.

Raumordnung ist Aufgabe des Staates. Dem Staat ist von seinem Wesen aufgetragen, die Ordnung des menschlichen Zusammenlebens zu sichern und, wo nötig, herzustellen" (S.7).

Die zentralen Aussagen des Gutachtens, die der Begründung der Aufgabe der Raumordnung dienen soll, steht - wie könnte es anders sein - im Widerspruch zu einer Reihe von oben dargestellten Forderungen im Leitbild, insbesondere zu den ausgewählten

Freiheitsrechten. Raumplanung bewegt sich ja seit ihrem Bestehen auf einem kurvenreichen Pfad zwischen staatlichen Dirigismus und Individualinteressen und -rechten.

Das gesellschaftspolitische Leitbild "Freiheit" wird von den Gutachtern letztlich als die Freiheit in von anderen Politikbereichen definierten und abgegrenzten räumlichen Rahmen (z.B. der Agrarpolitik) verstanden. Die weitgehend von ordo-liberalen Vorstellungen der Wirtschaftspolitik geprägte Sichtweise der Gutachter stehen somit - wie auch die spätere Raumplanungspraxis zeigte - im Widerspruch zu vielen anderen Aussagen des Leitbildes. Sie gehen von einer Übereinstimmung der Interessen aus, die nur in Ausnahmefällen gegeben ist.

Beachtlich ist schließlich, daß die Forderung im Gutachten, der Staat sei ausschließlich für die Raumordnung - zur Verwirklichung des Leitbildes - zuständig. Sie ist schon aus damaliger Sicht, noch viel mehr aus dem heutigen Erfahrungs- und Kenntnisstand in Zweifel zu ziehen. Denn, wenn Raumordnungspolitik aufgrund der ihr vorgegebenen Rahmenbedingungen ohnehin über schwache Eingriffs- und Vollzugsinstrumente verfügt, wird es umso nötiger, die durch die Raumordnungspolitik unmittelbar Betroffenen von der Richtigkeit des einzuschlagenden Weges zu überzeugen und sie am Entscheidungsprozeß zu beteiligen (siehe auch Fürst, 1986). Im Gutachten wird hingegen mit der apodiktischen Feststellung - Raumordnung ist eine Aufgabe des Staates (also auch die Verwirklichung des Leitbildes) - von einem autoritären Staatsverständnis ausgegangen, das im Widerspruch zu den dann im Gutachten selbst aufgezeigten schwachen Möglichkeiten (Maßnahmen) des Staates in diesem Aufgabenfeld steht. Auch hier dürften schon damals bei Vorlage des Gutachtens Widersprüche zu den realen verfassungsrechtlichen Möglichkeiten staatlicher Planung allgemein und der Raumplanung im Besonderen bestanden haben, denen die Gutachter nicht nachgegangen sind. Sie sind heute, wie die Planungspraxis zeigt, offenkundig geworden (geringe Akzeptanz der Raumplanung (oder Ignoranz) bei den Be-

troffenen und Politikern (vgl. die Anzahl und Inhalte der Par-
lamentsdebatten über Raumordnung, Landes- und Regionalplanung
im Deutschen Bundestag und den Landtagen in den letzten 10 oder
15 Jahren im Verhältnis zu solchen Politikbereichen, die unmittelbar gesellschaftliche, ökonomische oder ökologische Veränderungen beinhalten wie z.B. regionale Wirtschaftspolitik, Ver-
kehrs- oder Umweltpolitik)).

Die in Kapitel 3 dargestellten Wertveränderungen - die Forderung nach stärkerer unmittelbarer Information und Beteiligung
und Mitwirkung von Betroffenen an Entscheidungsprozessen in
kleineren Bezugsrahmen - macht es auch hier erforderlich, über
Modifizierungen insbesondere auf der regionalen und Landesebene
nachzudenken. Für die Bundesebene mag eine solche Forderung vor
allem theoretisch bedeutsam sein, wegen der bisher relativ ge-
ringen Praxisrelevanz seiner unmittelbaren raumpolitischen Entscheidungen ist sie aber eher akademischer Natur. Sie kann allerdings dann an Bedeutung gewinnen, wenn die Einflußnahme su-
pra-nationaler Institutionen weiter zunimmt und Entscheidungen
weiter zentralisiert werden.

Für die anderen Planungsebenen gilt diese Forderung aus heutiger Sicht uneingeschränkt.

4.4 Welche Wirkungen hat das Leitbild der Raumordnung auf die Raumplanung gehabt?

U. Brösse (1975) mißt Leitbildern im Rahmen der räumlichen Planung vier verschiedene Funktionen zu:
1. Anwendbarkeit auf vielfältige Wirklichkeiten,
2. Interessen- und Koordinationsfunktionen,
3. Konfliktverminderungsfähigkeit,
4. Symbolhaftigkeit, Interessen integrieren zu können.

Die erstgenannte Funktion ist auch negativ formuliert mit dem Schlagwort der Leerformeln (des ROG) in die Literatur eingegangen. Sie war Gegenstand der Bundestagsdebatte bei der dritten Lesung des Gesetzentwurfes zum ROG 1965. Wenn diese Kritik auch für das Gesetz m.E. partiell gerechtfertigt ist (es handelt sich um ein Rahmengesetz nach Art. 75 GG, konkretere Aussagen hätten auch die Länder nicht akzeptiert); so war es für die damalige Zeit auch schwierig, prozeßbeschreibende Begriffe (z.B. räumliche Entwicklung) und Strukturmerkmale gesetzestechnisch zu legalisieren und zu operationalisieren. Dies ist im ROG nur partiell gelungen.

Diese Kritik gilt aber für das SARO-Gutachten m.E. uneingeschränkt, weil in ihm keine räumlichen Alternativen ausgeschlossen werden, es sei denn extreme, die in der Raumordnungspolitik ohnehin niemand ernsthaft angestrebt hat. Dem Abschnitt "Leitbild der Raumordnung" mangelt es an Normgehalt (für ein Gutachten wäre es durchaus auch möglich gewesen, alternative "Normsysteme der Raumpolitik" zu beschreiben), er ist nicht falsifizierbar (zur Problematik von normativen Festlegungen vgl. ZIPP, 1977, die dazu die einschlägige sozialwissenschaftliche Literatur aufbereitet hat).

Ein Leitbild der Raumordnung - auch in Gutachtenform - hätte die von Brösse genannte zweite Funktion - die der Koordinierung - erleichtern können. Dies ist in der Vergangenheit nur partiell erreicht worden: Die Unterschiede zwischen den Ländern bei den konkreten Zielen, Methoden der Planung, ja selbst die von den Ländern verwendeten (und z.T. normierten) Begriffe weichen in einem solch starkem Maße von einander ab (und dies trotz der vielfältigen Bemühungen der nach § 8 des ROG eingerichteten Ministerkonferenzen (MKRO), die in einer Vielzahl von Entschließungen eine Vereinheitlichung versucht hat), die nicht allein mit den unterschiedlichen regionalen Bedingungen und politischen Mehrheitsverhältnissen erklärt werden können, sondern mit dem Fehlen eines "tragfähigen" Zielrahmens oder Systems, daß diese Koordnination hätte erleichtern können, erklärt werden müssen.

Ob das von den Sachverständigen beschriebene Leitbild Konflikte vermindert hat, ist schwer zu beantworten. Wegen des hohen Abstraktionsgrades des Leitbildes ist fast jedes Konzept mit diesem Leitbild des ROG vereinbar. Sobald aber konkrete Entscheidungen aus ihnen abgeleitet werden - und das war ja die Anforderung, die an das Leitbild von den Sachverständigen selbst gestellt wurde[6], haben sie nur in geringem Maße zu dieser Konfliktreduzierung beigetragen, wie die rd. sechs Jahre (1969-1975) dauernden Auseinandersetzungen zwischen dem Bund und den Ländern zum BROP, die Vielzahl der Auslegungsversuche der Ministerkonferenz für Raumordnung (MKRO) im Rahmen der von ihr beschlossenen Entschließungen und die unterschiedliche Ausformung der Raumplanung in den Ländern und Regionen beweisen.

Bleibt schließlich die Frage zu beantworten, ob mit dem Leitbild Konflikte zwischen den Träger der Planung und den Betroffenen vermindert werden konnten? Die geringe Akzeptanz der Raumplanung, die zwischenzeitlich auch von ihren maßgeblichen Repräsentanten nicht mehr bestritten wird, scheint darauf hinzudeuten, daß auch diese Funktion der Konfliktverminderung der Leitbilder offenbar nur begrenzt wirksam war (obwohl die geringe Akzeptanz der räumlichen Planung seit Beginn der 70er Jahre sicher noch andere Ursachen hat, auf die hier nicht weiter eingegangen werden soll).

Für die vierte der von Brösse genannte Funktionen, Interessen

---

[6] Nach E. Dittrich, einem Mitglied des Sachverständigenausschusses, sind Leitbilder als geistiges Formprinzip unverzichtbar. Sie sind gleichermaßen als Handlungsrichtlinie als auch als eine Überhöhung und Sinngebung von Handlungszwecken erforderlich. Sie sollen dennoch mehr sein, als eine "Bedienungsvorschrift für die Raumordnungspolitik" (DITTRICH, 1958, 1962).

integrieren zu können, gilt vom Prinzip die gleichen Einschätzungen, die zu der dritten Funktion gemacht wurden.

4.5 Folgerungen aus dem Leitbild in methodischer und instrumen-
teller Hinsicht

Das SARO-Gutachten enthält im Abschnitt "Raumordnungspolitik"
Hinweise zu den in der Raumordnungspolitik und in der Raumplanung anzuwendenden Methoden. Diese Vorschläge haben die institutionellen Festlegungen im ROG mitgeprägt und auch die Praxis
der Planung mitbeeinflußt. Raumordnungs-Konzeptionen müssen im
Gegensatz in einem bestimmten Leitbild in einem bestimmten
Zeitraum realisierbar sein (S. 70), die Funktion von Prognosen
in der Planung, die Problematik der Bewertung (Gewichtung der
Faktoren), der ressortübergreifenden Aufgabenstellung (Univer-
salität), der Fortschreibung und der Stufung werden beschrieben
und eingegrenzt. Auch das dazu im § 1 Abs. 3 ROG normierte Gegenstromprinzip (S. 89) wird erläutert und begründet. Im Maß-
nahmenteil, also bei den Instrumenten, werden alle jene raumwirksamen Maßnahmen, vor allem die des Bundes, erörtert, die
der Verwirklichung des Leitbildes dienen können. Der Steuer-
und Preispolitik (z.B. für Versorgungsleistungen) werden dabei
besondere Aufmerksamkeit geschenkt (Sie ist in der Folgezeit
nur sehr begrenzt auch als raumordnungspolitisches Instrument
eingesetzt worden.).

4.6 Zusammenfassende Bewertung des Leitbildes aus heutiger
Sicht

Wenn auch in den vorausgegangenen Aussagen Kritik am Inhalt des
SARO-Gutachtens geübt wurde, insbesondere wegen des Fehlens
eines Systems oder eines Strukturmodells, so darf nicht übersehen werden, daß bei den damals wesentlich begrenzteren wissenschaftlichen Erkenntnissen und mangelnden praktischen Erfahrun-

gen das Gutachten viele Aussagen enthält, die auch heute noch als zutreffend bewertet werden können und z.T. bis heute nicht realisiert werden konnten. Dies trifft auch für die Raumforschung zu.

Gleichwohl besteht neben der generell hier geäußerten Kritik am Leitbild (fehlendes System) mindestens in einem weiteren wesentlichen Punkt eine andere Sichtweise:

Raumordnungspolitik wird im SARO-Gutachten und dann im ROG als offenes System verstanden, d.h. die Zielpunkte werden nicht markiert. Diese Sichtweise ist heute wieder gängig, nachdem in den 70er Jahren zeitweise versucht wurde, auch Raumplanung als geschlossene Planung oder final zu betreiben (z.B. in Hessen und Nordrhein-Westfalen; vgl. Kittelman/Hübler, 1983).

Dessenungeachtet trifft diese Offenheit des Systems Mitte der 80er Jahre für den Bereich der natürlichen Ressourcen nicht mehr zu. Sie waren schon immer begrenzt, dies wurde in den 50-er/60er Jahren im SARO-Gutachten nur partiell wahrgenommen, wo sich diese Grenzen im Raum zeigten (z.B. in den Ballungsgebieten). Obwohl an mehreren Stellen des Gutachtens die "Gleichgewichtigkeit von Wirtschaftlichkeit - Vitalsituation - Schutzbereitschaft - Landschaftsbewahrung" (S. 40) bei der Raumanalyse und -bewertung betont und normativ formuliert wird ("Vitalsituation ist der Komplex des Menschlichen, soweit es das Verhältnis zur Umwelt betrifft."), daß die Vitalsituation den Vorrang vor der Ökonomik hat, und zwar umso mehr, je mehr der Wirtschaftsertrag über die Deckung des elementaren Existenzbedarf hinausgewachsen ist." (S. 45), ist es nicht gelungen, diese Gewichtung in das Leitbild zu integrieren, weil Umwelt noch nicht als ein System (Ökosystem), sondern weitgehend als eine Summe freier Güter zur Nutzung für den Menschen verstanden wurde. Gleichwohl scheinen die Sachverständigen schon damals die Problematik erkannt zu haben:

"Mit der laufenden Verbesserung des Versorgungsbestandes und der Einspielung der marktwirtschaftlichen Regeln kann man jedoch künftig das Gewicht der rein wirtschaftlichen Gesichtspunkte herabsetzen zugunsten von außerökonomischen Elementen. In der Gegenwart, wo das Niveau des Konsums bereits anstoßerregende Formen annimmt, mahnt auch die offizielle Wirtschaftspolitik zum "Maßhalten". Ein solches Maßhalten kann nichts anderes bedeuten, als daß man die Kräfte, die von dem Streben nach der Maximierung des privaten Einkommens ausgelöst worden sind, sich nicht hemmungslos austoben läßt, sondern in eine wirtschaftliche Gesamtkonzeption einfügt, in der die menschlichen Endzwecke vor den Vorzwecken der Wirtschaft den Vorrang haben" (S. 81).

Diese Hinweise, zwar offensichtlich an die Adresse der privaten Unternehmen und Konsumenten gerichtet, sind vom Prinzip her auch von der Raumplanung nur partiell akzepiert worden. Die Mehrzahl der in den letzten zehn bis fünfzehn Jahren auch mit den Mitteln der Raumordnungspolitik unterstützten infrastrukturellen und privaten Großinvestitionen wurden im Konfliktfalle mit ökonomischen Argumenten (Entwicklung und Wachstum der Region, Arbeitsplätze, Steigerung des Sozialproduktes) begründet und durchgesetzt. Dies mag auch daran liegen, daß es bis heute nicht gelungen ist, ein theoretisch hinreichend begründetes Modell zwischen Produktion/Konsum und Nutzung der natürlichen Ressourcen zu entwickeln, empirisch abzusichern und in der Praxis zu erproben. Es bestehen Zweifel, ob das mit den herkömmlichen ökonomischen Methoden, deren Anwendung der Sachverständigenausschuß übrigens in anderem Zusammenhang für die Raumforschung im besonderen Maße empfiehlt (S. 82), zu leisten sein wird, in dem Umwelt als eine Summe einzelner Güter definiert werden und Wirkungsmechanismen (z.B. Synergismen) außer Betracht bleiben und in starkem Maße versucht wird, über Kostenrechnungen die Entscheidungen über Eingriffe und Nutzungen zu optimieren.

Zusammenfassend kann aus heutiger Sicht festgestellt werden, daß das Leitbild der Raumordnung, wie es im SARO-Gutachten formuliert und später in den §§ 1 und 2 ROG normiert wurde, inhaltlich und strategisch fortzuentwickeln sein wird, wenn es künftig wieder einige der Funktionen, die Brösse genannt hat, besser erfüllen soll, als derzeit. Dies vor allem deshalb, weil die seinerzeit weite Teile des Gutachtens begründenden Wertvorstellungen überholt sind.

4.7 Exkurs: Die Schweizerische Leitbilddiskussion Anfang der 70er Jahre

Einen methodisch anderen Weg, der möglicherweise Anregungen für die Wertediskussion Ende der 80er und in den 90er Jahren in der Bundesrepublik Deutschland zu geben vermag, hat die Schweizer Raumplanung - maßgeblich geprägt durch Forschungsarbeiten der ETH Zürich (vgl. Rotach, 1973) - versucht. Obwohl dieser Versuch politisch erfolglos blieb, ist er methodisch so interessant, daß er der durch das SARO-Gutachten geprägten deutschen Leitbilddiskussion der 60er Jahre ergänzend zur Seite gestellt werden soll.

Die Schweizer Bundesregierung versuchte anfangs der siebziger Jahre durch eine intensive öffentliche Zieldiskussion, die Probleme der räumlichen Ordnung - die in anderem Maßstab etwa mit denen in der Bundesrepublik vergleichbar waren - und die Notwendigkeit einer aktiven Raumordnungpolitik (des Bundes) den Bürgern nahezubringen und zugleich bei den Kantonen für eine Zustimmung zu einer Bundeskompetenz für die Raumplanung zu werben. Hier interessiert nicht das Ergebnis des Versuchs - das Referendum ging 1974 negativ aus - sondern das methodische Vorgehen.
Das Institut für Ort-, Regional- und Landesplanung (ORL) der ETH Zürich erhielt den Auftrag, "Schweizerische Siedlungskonzepte mit Leitbildern" zu erarbeiten. Der Schlußbericht des Institutes erschien 1972 und stellte 10 Varianten möglicher Entwicklungen der Raum- und Siedlungsstruktur zur Diskussion: eine Variante "Trend", die eintreten könnte, wenn man der Entwicklung weiterhin freien Lauf läßt, und neun Alternativen, die alle auf bestimmte Ziele ausgerichtet sind und mehr oder weniger vom Trend abweichen. Die Extremvarianten können umschrieben

werden mit extremer Verdichtung (Variante V1: Konzentration in
den Ballungsräumen Zürich/Basel und Genf/Lausanne) und extremer
Dispersion (Variante V9: Möglichst gleichmäßige Entwicklung
aller Landesteile sowie Entlastung der bestehenden Hauptzen-
tren. Anordnung der gesamten zusätzlichen Bevölkerung in dis-
pers verteilten Kleinstädten), die restlichen 7 Varianten liegen mit unterschiedlichen Intentionen "dazwischen" (ORL, 1971).
In diesen Varianten wurden verschiedene Raum- und Siedlungsstruktur beeinflussenden Sachverhalte analysiert und prognosti-
ziert (Flächenverbrauch, Transportaufkommen, wirtschaftliche
Entwicklungsmöglichkeiten u.a.).

Schon damals spielten in der Schweizer Leitbilddiskussion, also
bei der Entscheidung, welche der Varianten der künftigen Raumplanung zugrundegelegt werden soll, außerökonomische Merkmale
eine große Rolle: Maß und Art der zivilisatorischen Aktivitäten
und technologischer Wirkungsgrad von Schutzmaßnahmen, Belastung
und Tragfähigkeit des Raumes (Rotach, 1973, S. 14/15). Mit der
Entscheidung der zuständigen Schweizer Stellen, aus den 9 Varianten eine 10. eigene Konzeption (CK-73) als Leitbild für Bund,
Kantone (und Gemeinden) für verbindlich zu erklären, war die
eindeutige Absicht verbunden, eine dem Trend zuwiderlaufende
Konzeption normativ festzulegen, weil der Trend weder eine
"zweckmäßige Nutzung des Bodens" zuläßt noch einer "geordneten
Siedlung entspricht" und zudem die Trendentwicklung der Rechtsordnung des Bundes in der Bundesverfassung und in Bundesgestzen
widerspricht (Rotach, S. 25).

Wenn auch, wie oben dargestellt, diese methodisch interessante
Vorgehensweise politisch erfolglos blieb, so darf nicht übersehen werden, daß mit diesem Versuch die schweizerische Leitbilddiskussion wesentlich konkreter, systematischer und auch umfas-
sender geführt werden konnte, wie das mit dem eher abstrakt und
in bestimmten Bereichen punktuell vertiefenden SARO-Ansatz in
der Bundesrepublik möglich war. Es bleibt zu prüfen, ob bei
einer notwendigen deutschen neuen Leitbild- und Wertediskussion

für die Raumplanung dieser Ansatz - übertragen auf die Fragestellungen der 90er Jahre und danach - mit alternativen Szenarios versucht werden sollte?

5. Zur aktuellen Werteproblematik in der Raumplanung

5.1 Keine Wertediskussion in der Raumplanung

Wie eingangs schon dargestellt, findet in den amtlichen und wissenschaftlichen Einrichtungen der Raumplanung eine Werte- oder Leitbilddiskussion nicht oder kaum statt. Die einschlägigen Raumordnungsberichte der Bundes- und Landesregierungen belegen dies. Zwar werden eine Vielzahl von Folgen des Wertewandels - Abwanderungen aus ländlichen Gebieten, die Suburbanisierung, die Zerstörung von Landschaften durch die Agrarwirtschaft und Freizeitverbringung (z.B. durch Sport- und Massentourismus) und andere Phänomene der räumlichen Veränderungen, mit denen sich die Planungspraxis tagtäglich zu befassen hat - beschrieben und es werden Regelungsversuche gemacht. Weitergehende Versuche jedoch, diese Sachverhalte auch in den Zusammenhang der zuvor beschriebenen Wertveränderungen zu bringen, fehlen. Auch die "Programmatischen Schwerpunkte der Raumordnung" der Bundesregierung (BMBAU, 1985) oder andere amtliche Aussagen zur Raumordnungspolitik des Bundes und zur Landes- und Regionalplanung der Länder, die ja sozusagen die Perspektiven der bundesdeutschen Raumplanung bis in die neunziger Jahre angeben sollen, lassen eine solche Auseinandersetzung mit den veränderten Werthaltung und deren Einschätzung aus raumordnungspolitischer Sicht vermissen. In den "Programmatischen Schwerpunkten" wird expressis verbis vom "alten Leitbild" ausgegangen: "Der Auftrag des Raumordnungsgesetzes, gesunde und gleichwertige Lebensbedingungen in allen Teilräumen des Bundesgebietes zu schaffen und zu erhalten, behält unverändert Gültigkeit". (S. 1) Die Veränderungen gegenüber früher bestehen in den Herausforderungen der veränderten ökonomischen Bedingungen (obwohl die sich ja seit Erlaß des ROG permanent verändert haben) und den ökologischen Gefahren (auch die sind nicht neu, sondern bereits fast vollständig in den Raumordnungsberichten der 60er Jahre der Bundesregierung beschrieben worden, wenn sich auch das Ausmaß der Umweltzerstörungen in einem Umfang verstärkt hat, wie das

in den 60er/70er Jahren von vielen noch nicht vorausgesehen
wurde). Die Strategie der Raumplanung des Bundes (und auch der
meisten Länder) ist die, den "Umweltbelangen neben der sozial-
ökonomischen Betrachtung starkes Gewicht beizumessen" (S. 1).

Die Tatsache, daß ein Wertewandel stattfindet oder stattgefunden hat, wird in den "Programmatischen Schwerpunkten" ebenso
wenig reflektiert wie im Raumordnungsbericht 1986 (BT-Drs.
10/6027) oder in einer Antwort der Bundesregierung auf eine
große Anfrage zum Thema "Ländlicher Raum und Landwirtschaft"
(BT-Drs. 10/5384 v. 23.04.1986).

Dies ist deswegen besonders kritisch einzuschätzen, weil Entscheidungen der Raumordnungspolitik zumeist ohnehin erst langfristig wirksam werden und derzeit über Strukturen entschieden
wird, die insbesondere für die jetzt jüngere Generation, bei
denen der Wertewandel deutlicher ausgeprägt ist als bei Älteren, in besonderem Maße rahmensetzend für die Lebens-, Arbeits-
und Freizeitbedingungen wirken werden.

Vielmehr wird im Prinzip nach wie vor von dem "alten" Leitbild
der 50er und 60er Jahre mit den dort zugrundeliegenden Werten
ausgegangen und am Maßstab dieser werden räumliche Entwick-
lungsstrategien festgeschrieben, deren Akzeptanz und deren Beitrag zur Lösung aktueller und zukünftiger gesellschaftlicher
Konflikte geringer zu werden scheint (im Verhältnis zu den in
den einschlägigen Gesetzen formulierten Anforderungen).

Zu beobachten ist freilich auch, daß der Begriff "Leitbild" neu
und anders definiert und verstanden wird. Ein räumliches Leitbild ist offensichtlich neuerdings ein Bündel von Einzelmaßnah-
men zur Ordnung oder Entwicklung eines (Teil)-Raumes, ohne daß
die Wertdimension (nach welchen gesellschaftlichen Zielvorstel-
lungen soll der Raum entwickelt und geordnet werden; nach welchen übergeordneten Wertmaßstäben werden Ziel-Konflikte entschieden?) überhaupt angesprochen wird.

Und ein zweiter wesentlicher Unterschied zum früheren Leitbild-
begriff wird deutlich. Wurde in den 50er und 60er Jahren, so
auch im SARO-Gutachten, noch der Versuch unternommen, die Interdependenzen zwischen Gesellschaft und Raumnutzung zu erfassen (wenn dies im SARO-Gutachten auch nur teilweise gelang), so
werden diese Bemühungen bei der Neuinterpretation des Leitbildbegriffes offensichtlich aufgegeben (so in einem Beitrag von D.
Partzsch (1984) über ein räumliches Leitbild zur Bodenseere-
gion). Und dies in einer Zeit, wo die Erkenntnisse über Systemzusammenhänge, Synergismen und Vernetzungen im Verhältnis zu
den 50er/60er Jahren wesentlich verbessert werden konnten. Auch
H. Mäding (1984) glaubt, eine Neudefinition des Begriffes
"Leitbild" feststellen zu könen und erklärt dies mit den gegenüber den 60er Jahren geänderten Aufgaben- und Planungsverständnis der Raumplanung.

> "Das Leitbild besteht dann - abweichend von Dittrichs Sprach-
> gebrauch - in einer anschaulichen Darlegung der Ziele der
> räumlichen Planung, in deren Kern im Einzelfall auch eine
> kartografische Darstellung von Raumnutzungen stehen kann"
> (MÄDING, 1984, s. 265).

Nun ist gegen eine Neuinterpretation eines Begriffes vom Prinzip nichts einzuwenden. Begriffe sind Konventionen und diese
sind änderbar. Bedenken bestehen jedoch dagegen, daß mit dieser
Neuinterpretation die gesamte Wertproblematik ausgeklammert und
Raumplanung nur noch als eine technokratische Zielplanung verstanden wird. Damit entledigt sich die Raumplanung aber zugleich eines wesentlichen Auftrages: die Koordinierung aller
staatlichen und kommunalen Planungen und Maßnahmen (und privaten, soweit dies im Rahmen der Gesellschafts- und Rechtsordnung
möglich ist) nach § 4 Abs. 1 ROG und den einschlägigen landesrechtlichen Regelungen setzt aus der Natur der Sache das Vorhandensein übergeordneter, allseits akzeptierter Wertvorstellungen (oder Leitbilder) voraus, auf die hin Planungen oder
Maßnahmen anderer (Fachplanungen, Kommunen) koordiniert werden
können. Wird auf sie verzichtet, kann Raumplanung allenfalls
als technokratische Problemlösungsstrategie begriffen werden,

die weder langfristige Optionen erfüllen kann (also ihre Ver-
pflichtungen gegenüber zukünftigen Generationen gerecht werden
kann, z.B. durch das Offenlassen von bestimmten räumlichen Optionen) noch übergeordnete gesellschaftliche Ziele, die z.B.
den derzeitigen ökonomischen (oft kurzfristig angelegten) Interessen gegenüberstehen, realisieren. Damit stellt sich aber
die Frage, ob es dann noch eines aufwendigen Apparates der
Raumplanung bedarf oder ob diese Konfliktlösungsaufgaben nicht
auch von der allgemeinen Verwaltung im Rahmen ihres ohnehin
gegebenen Koordinierungsauftrages mit erledigt werden können?

Die Reduzierung des Leitbildbegriffes auf ein technokratisches
Zielbündel, wie es D. Partzsch formuliert, ist wahrscheinlich
mit den Erfahrungen der Raumplanung in letzten 20 Jahren zu
erklären. Sie ist zu umschreiben mit einem permanenten Rückzug
von der ursprünglichen Absicht der Formulierung und Festlegung
von materiell-inhaltlichen Aussagen zur Raumnutzung hin zu einer organisatorisch-prozessualen Tätigkeit, die die Fragen des
wie und ob der Raumnutzung ausklammert und lediglich Entscheidungshilfen zur Lösung der Konflikte "Wer nutzt wo den Raum?"
zu leisten beabsichtigt. Dieser Rückzug (der z.B. aktuell
sichtbar wird bei den intensiven Bemühungen der Institutionen
der Raumplanung, verfahrensmäßige Verbesserungen einzuführen
(Raumordnungsverfahren als erste Stufe der Umweltverträglichkeitsprüfung)) ist sicher mit der in der Praxis gewonnenen Einsicht zu erklären, daß den Institutionen der Raumplanung weitgehend adäquate Instrumente zur Implementation materiell-in-
haltlicher Konzepte fehlen (beispielhaft D. FÜRST, 1985/1986).

Wie auch imer der Rückgang des Stellenwertes der Raumplanung in
den letzten 10 - 15 Jahren erklärt werden mag (vgl. auch K.-H.
HÜBLER, 1987), zwei mögliche generelle Ursachen sollen im Folgenden näher betrachtet werden:
- einmal das Festhalten an offensichtlich überholten Leitbildern für die Raum- und Siedlungsstruktur und damit zugleich
  der Verzicht, zu versuchen, den veränderten Werthaltungen in

den langfristigen Planungen und Maßnahmen Rechnung zu tragen und

- die Selbstbeschränkung der Raumplanung letztlich auf Standortfragen, ohne vom Prinzip her zu prüfen und zu entscheiden, ob die beabsichtigte oder geplante Nutzung von Standorten (oder Trassen) einen Beitrag zur Verwirklichung der Ziele von Raumordnung und Landesplanung dient? Um dies an einigen Beispielen zu verdeutlichen:

    - Die Institutionen der Raumplanung wirken bei der Standortbestimmung für eine Müllverbrennungsanlage mit. Sie versuchen, Nutzungskonflikte zu minimieren. Gleichwohl unterlassen sie es im Regelfall, zu prüfen, ob überhaupt eine Müllverbrennungsanlage in der betreffenden Region erforderlich ist oder ob durch andere Maßnahmen (z.B. Strategien zur Verringerung des Müllaufkommens, Recycling) der Bau der Anlage entbehrlich wird?
    - Der Bau von Stromleitungstrassen wird von den EVU's beantragt, von den Wirtschaftsministerien geprüft und die Institutionen der Raumplanung haben mit ihren Instrumenten (Pläne, Raumordnungsverfahren u. dgl.) Trassen freizuhalten, im Realisierungsfall wiederum Konflikte zu minimieren. Die Notwendigkeit des Baus dieser Trasse wird als gegeben angenommen.

Die Untersuchung des Bedarfs oder der Notwendigkeit der Raumveränderung (durch solche Infrastruktureinrichtungen) wird von den Institutionen der Raumplanung im Regelfall nicht vorgenommen.

Argumente für diese Selbstbeschränkung sind:
- die Träger solcher Einrichtungen sollen die Bedarfsabschätzung (und auch die des wirtschaftlichen Risikos) selbst vornehmen; es kann nicht Sache der staatlichen Institutionen sein, diese wirtschaftlichen Entscheidungen zu treffen und
- da diese raumverändernden Maßnahmen ohnehin noch fachgesetzlichen Genehmigungsverfahren unterliegen, kann es nicht Sache der übergeordneten (ressortübergreifenden) Raumplanung sein, sich mit diesen fachspezifischen Detailfragen zu befassen. Und zudem fehle in vielen Fällen die Fachkompetenz, komplizierte technische Verfahren zu beurteilen und Bedarfsprognosen vorzunehmen.

Diese Selbstbeschränkung, der formal-rechtlich sicher zuzustimmen ist und die scheinbar geeignet ist, die Anzahl der von den Institutionen der Raumplanung zu regelnden Konflikte zu verringern, entspricht dem zuvor genannten neuen Schwerpunkt der Raumplanung: der organisatorisch-prozessualen Tätigkeit. Wenn hier von einer scheinbaren Konfliktverringerung die Rede ist, so betrifft das Konflikte mit jenen Interessenten, die Raumveränderungen beabsichtigen. Die Konflikte treten jedoch oft mit größerer Intensität - zumeist zeitlich verzögert - dann auf, wenn diese Projekte realisiert werden sollen und unmittelbar Betroffene sich wehren. Die Institutionen der Raumplanung werden dann auch in der Öffentlichkeit für Entscheidungen mitverantwortlich gemacht, auf die sie keinen unmittelbaren Einfluß genommen haben (ob gebaut wird oder nicht?). Mit dieser Selbstbeschränkung begibt sich die Raumplanung aber auch der Möglichkeit, den Raum selbst initiativ und aktiv zu gestalten; sie hat im Regelfall die Funktion, nachvollziehend tätig zu werden und durch Standorte und Räume begründete Nutzungskonflikte nur in räumlicher - nicht in sachlicher - Hinsicht zu optimieren.[7] Sie vergibt damit zugleich auch die Möglichkeit, die Raum- und Siedlungsstruktur im Sinne eines Leitbildes oder bestimmter allgemeiner Wertvorstellungen zu ordnen und zu entwickeln und unterliegt im wesentlichen sektoral bestimmten Sachzwängen (die sich aus der zumeist betriebswirtschaftlichen oder ökonomisch abgeleiteten Einzelbetrachtung isolierter Infrastruktursysteme oder privater Investitionen (Agrarwirtschaft, Tourismus, gewerbliche Investitionen u.a.) ergeben. Und wenn Raumplanung als eine ressortübergreifende staatliche und kommunale Tätigkeit verstanden wird - wenn sie also allgemeine gesellschaftliche Interessen zu vertreten hat -, wäre es gerade Aufgabe dieser,

---

[7] Kenner der Szene haben die Selbstbeschränkung schon vor längerer Zeit mit der Aufgabenstellung eines "Staatsnotariates" beschrieben: die Landesplanung notiert und registriert durch immer bessere Verfahren (Raumordnungskataster, EDV, Luftbildauswertung u. dgl.) die Veränderungen im Raum; nimmt aber selbst keinen Einfluß darauf.

alle raumwirksamen Maßnahmen und Planungen im Hinblick auf die
zu vermutenden Interessen der Gesamtheit, vor allem aber auch
der abzusehenden Interessen zukünftiger Generationen, zu prüfen
und darüber zu entscheiden (und Optionen offen zu lassen). Das
bedeutet z.B. auch dem Aspekt der Reversibilität von Investi-
tionsentscheidungen wegen der ungewissen "Zukünfte" ein wesentlich höherer Stellenwert bei der Abwägung von Einzelsachverhal-
ten beizumessen als bisher.

Von Vertretern der amtlichen Raumplanung, aber auch von der
Wissenschaft und den Verbänden, wird nach wie vor die Auffassung vertreten, daß eine Korrektur der Ziele und Instrumente
der Raumplanung nicht zweckmäßig sei: diese hätten sich in den
letzten 20 Jahren "im großen und ganzen bewährt" (vgl. beispielhaft Thesen des Deutschen Landkreistages zu aktuellen Fragen zur Überprüfung des ROG, (1986)), geringfügige Ergänzungen
und Modifizierungen, z.B. bestimmter Umweltaspekte, könnten im
Rahmen des Vorhandenen vorgenommen werden. "Es sei hier aber
jedoch gewarnt, das überkommene und bewährte Zielsystem insgesamt in Frage zu stellen. In den Grundzügen ist das System dieser Grundsätze (des ROG, d.V.) unstreitig; auf einem Rechtsge-
biet, in dem die Gesetzgebungskompetenz des Bundes sich auf die
Rahmenkompetenz beschränkt, ist dies eine wichtige Feststellung
..." (Deutscher Landkreistag, 1986).

In einer zusammenfassenden Darstellung haben W. Hoppe und W.
Appold (1986) den Stand der Diskussion zur Fortentwicklung des
rechtlichen Instrumentariums der Raumordnung des Bundes dargestellt. Aus ihr wird deutlich, daß mit den bisher diskutierten
Vorschlägen vor allem Verfahrensverbesserungen beabsichtigt
sind; die Fortentwicklung der Ziele und Grundsätze der Raumordnung scheint hingegen von den an der Diskussion Beteiligten als
nicht aktuell eingeschätzt zu sein.

Ein weiteres Argument wird gegen eine grundsätzliche Fortentwicklung vorgebracht: sobald eine Änderung des Rahmens (z.B.

des ROG und der Landesplanungsgesetze) erfolge, sei nicht zu
übersehen, welches Ergebnis schließlich nach den parlamentari-
schen Entscheidungen erzielt werden könne? Die vermuteten Ergebnisse könnten zu einer weiteren Schwächung der Stellung der
Träger der Raumplanung sowohl de jure als auch de facto führen.

Abgesehen davon, daß bei einer solchen Betrachtungsweise Raumplanung eher als Selbstzweck, denn als eine "dienende" Aufgabe
für das staatliche System und das Gemeinwesen verstanden wird,
steht sie auch im Widerspruch zu den von den gleichen Vertretern vorgebrachten pessimistischen Einschätzungen über die Abnahme des (politischen) Stellenwertes der Raumplanung, die allein nicht mit dem mangelnden Interesse der politisch Verantwortlichen erklärt werden kann.

Raffée/Wiedmann (1983) haben bei der Auswertung der bereits
zitierten Umfragen (die sich mit den Zusammenhängen von Wertewandel und Marketing befassen) ermittelt, daß eine Reihe gesellschaftlicher Institutionen den Wertewandel erkannt haben
und sich damit auseinandersetzen bzw. sich darauf einstellen.

> "Zahlreiche Institutionen bringen dagegen diesen Entwicklun-
> gen zu wenig Aufmerksamkeit entgegen, und zwar wegen
> - zu starker Einbindung in das Tagesgeschäft bürokratischer
>   Strukturen und einer rigiden Zielfixierung, die Anpassungen
>   erschweren,
> - Ratlosigkeit hinsichtlich adäquater Antworten auf die sich
>   neu zu stellenden Fragen.
> Schließlich begegnet man den neuen Tendenzen des Wertewandels
> mit Vorurteilen. Insbesondere zwei Vorurteile versprechen das
> herrschende Weltbild zu stützen und erfreuen sich deshalb
> großer Beliebtheit:
> - Das "Chaoten-Image" als Ausflucht,
> - Das Stigma des Lippenbekenntnisses und der Modewelle als
>   Ausflucht." (S. 67)

Da im Rahmen dieser Studie eigene Umfragen nicht durchgeführt
werden konnten, kann auch nicht geklärt werden, ob und inwieweit diese von den genannten Autoren in anderem Zusammenhang
ermittelten Ergebnisse auf die Prblemstellung der Raumplanung
übertragbar sind? Es wird dessenungeachtet, insbesondere auch

nach Analyse einschlägiger Veröffentlichungen, die begründete
Vermutung geäußert, daß diese vier Gründe, wenn auch in unterschiedlichem Ausmaß, Erklärung dafür sind, daß die Institutionen der Raumplanung bei Wertvorstellungen und Leitbildern stehen geblieben sind, die in den 50er und 60er Jahren prägend
waren.

Für die Raumplanung kommt mindestens noch ein Grund hinzu. Die
Ziele und Grundsätze der Raumordnung, wie sie in den Paragra-
phen 1 und 2 des ROG von 1965 formuliert sind, sind ein mühe-
voller Kompromiß zwischen sehr unterschiedlichen Interessen
gewesen, die mit den nachfolgenden Stichworten umschrieben werden können:
- ländliche Gebiete versus Verdichtungsräume (kommunale Spit-
  zenverbände: Städtetag versus Landkreistag/Deutscher Gemein-
  detag/Städtebund; Stadtstaaten und NRW im Bundesrat versus
  den dünner besiedelten Flächenstaaten),
- CDU/CSU-regierte Länder versus SPD-regierte Länder,
- Bauernverband versus Industrieverbände
u.v.a.m. Hinzu komen die unterschiedlichen Werthaltungen der
leitenden Planer und Akteure, die oft in starkem Maße durch
frühere Tätigkeiten und ihre jeweilige Ausbildung geprägt sind.
Jede Veränderung dieser Ziele und Grundsätze würde den seinerzeit mühsam austarierten Kompromiß (der auch deswegen so allgemein formuliert ist, damit sich jeder wiederfindet) in Frage
stellen.

Diese Aussage gilt vom Prinzip her auch für die Zieldiskussio-
nen zum BROP, die von 1969 bis 1975 andauerten. In diesem Programm, das 1975 von Bund und Ländern gemeinsam verabschiedet
wurde, ist praktisch bei den Zielen der status quo der 60er
Jahre mit einer Ausnahme festgeschrieben: im Zielbündel wurde
verbal den Umweltbelangen in der Raumordnung ein höherer Stellenwert eingeräumt. Im Sinne der Aussage von Raffée/Wiedmann
muß dieser Sachverhalt aber als ein Lippenbekenntnis bezeichnet
werden, weil diese Gewichtsverlagerung im Programm nicht in-

strumentiert wurde, d.h. aus den verbal beschriebenen Umwelt-
zielen keine Handlungen oder Instrumentarien abgeleitet wurden.

Das Risiko, bei stark veränderten Werthaltungen der Bevölkerung
und/oder der Planungsbetroffenen weiter mit überholten Wertvorstellungen arbeiten zu müssen, scheint demnach geringer zu sein
als das Risiko, bei einer neuen Disposition über diese Werte
und deren Normierung mit seinen eigenen Landes-, Verbands- oder
Parteiinteressen schlechter als bisher berücksichtigt zu werden.

Bedacht werden muß, daß - wie die Ergebnisse der Umfragen zeigen - dieser Wertewandel eben vor allem von der jüngeren Generation und auch von solchen Gruppen getragen werden, von denen
zu vermuten ist, daß sie auf die gesellschaftliche und politische Meinungsbildung zunehmend Einfluß nehmen werden.

Aberle (1986) hat im Zusammenhang mit einer Untersuchung der
Interdependenzen der Zusammenhänge zwischen Raumordnungspolitik
und Verkehrspolitik die Forderung für die Raumordnungspolitik
aufgestellt, sich von den "globalen und inflexiblen, von wenig
operationalen, aber ideologieaffinen Leitbildvorstellungen"
abzuwenden und sich stattdessen zu regional überprüfbaren und
in ihren wirtschaftlichen Konsequenzen transparent gestaltbaren
Hypothesen und Vorschlägen hinzuwenden.

Dieser Forderung ist unter zweierlei Bedingungen zuzustimmen:

- Hypothesen können auch in Form regional differenzierter
  Leitbilder für die Raum- und Siedlungsstruktur formuliert
  werden; es kommt auf die Funktion und Flexibilität dieser
  Leitbilder an;
- es ist nicht einzusehen, weshalb lediglich die wirtschaftlichen Konsequenzen solcher Hypothesen oder Leitbilder
  transparent gemacht werden sollen. Im Hinblick auf die Be-
  wußtseinsveränderungen, aber auch der ökologischen Risiken
  gerade von Infrastruktureinrichtungen erscheint eine Prognose der ökologischen und sozialen Folgewirkungen mindestens ebenso begründet, aus Gründen der Akzeptanz sogar
  prioritär.

In jüngerer Zeit hat D. Fürst (1986) in einer Untersuchung die
Zusammenhänge zwischen Raumordnungpolitik und Umwelt dargestellt und zwei Vorschläge entwickelt, wie eine bessere Berücksichtigung ökologischer Erfordernisse in der Raumplanung erreicht werden könnte? Er schläg vor:

- Modifikation des raumplanerischen Zielsystems zugunsten
  einer stärkeren Gewichtung der zu berücksichtigenden Frei-
  raumfunktion (er nennt dies eine passive ökologische Orientierung),
und/oder
- Instrumentarisierung der Raumplanung für Umweltschutzziele,
  in dem Potentiale, die in dem Steuerungsinstrument "Raum"
  stecken, umweltschutzpolitisch eingesetzt werden (aktive
  ökologische Orientierung).

Fürst geht offentsichtlich von der Annahme aus, daß weitere
Veränderungen unrealistisch sind. Demgegenüber wird die Auffassung vertreten, daß beide Alternativen allenfalls als "kosmeti-
sche Korrekturen" oder kurzfristig anzustrebende Veränderungen
zu bezeichnen sind, weil

- die passive ökologische Orientierung seit Ende der siebziger Jahre versucht wird und weitgehend ohne Erfolg geblieben ist und

- mit einer aktive Ressourcenschutzpolitik über den Raum
  nicht verhindert werden kann, daß weitere Zerstörungen auf
  den nicht geschützten Räumen eintreten. Die Raumordnungspolitik würde sich auf räumlich begrenzte "Ghettos" (vergleichbar dem Naturschutz) zurückziehen müssen, die sie
  zwar zu erweitern versuchen wird. Ihr werden aber im Hinblick auf die sich zunehmend ausbreitenden "Flächenwirkun-
  gen" der in den nicht geschützten Räumen sich vollziehenden
  Beeinträchtigungen (Immissionen durch hohe Schornsteine und
  durch ein dichtes Verkehrsnetz, Nitrateintrag in das Grund-
  wasser und unterirdischer Transport von Grundwasserverun-
  reinigungen u.a.) relativ begrenzt Erfolgsaussichten prog-
  nostiziert werden müssen.

Der Wertewandel wird bei diesen Vorschlägen nur unsofern berücksichtigt, als - vor allem auf Freiraumfunktionen bezogene-

Gewichtsverlagerungen im Zielsystem (und eine umweltgerechtere Instrumentierung) vorgeschlagen werden.

5.2 Die ökonomische Rationalität als Grundlage raumplanerischer Analyse und Entscheidung

Die Raumplanung hat in ihrer kurzen Geschichte in Deutschland einen bemerkenswerten Wandel vollzogen. Standen bei ihrer Konstitution zu Beginn dieses Jahrhunderts vor allem Ordnungsaufgaben im Zentrum ihrer Bemühungen (nämlich das Freihalten von Räumen im Ruhrgebiet und das Ordnen der Siedlungsentwicklung im Großraum Berlin, im Industriegebiet Halle-Launa oder in Hamburg), so wandelte sich der Aufgabenschwerpunkt ab den 50er/ 60er Jahren dahingehend, daß die Entwicklung in den Vordergrund der Bemühungen rückte. Und Entwicklung bedeutete für die Raumordnung die Mehrung quantitativ erfaßbarer Tatbestände (bis in die siebziger ein Zuwachs der Bevölkerungs- und Arbeitsplatzzahlen, an Infrastruktureinrichtungen, an Erholungsgebieten und ab den 70er Jahren auch eine Vermehrung von Umweltschutzeinrichtungen (Abfallbeseitigungsanlagen, Kläranlagen, Talsperren u.a.)), kurzum eine Mehrung der öffentlichen und privaten Investitionen, die sich im Raum vor allem in der Mehrung des Zements und Betons, von Stahl und Eisen und von Kunststoffen sowie des Fremdenergieverbrauchs niederschlug. Entwicklung heißt wirtschaftliches Wachstum und wurde die zentrale Aufgabe der Raumplanung in Deutschland.

Zwar wurde seit den 70er Jahren der Begriff des qualitativen Wachstums diskutiert und verbal auch in die Pläne und Programme der Landes- und Regionalplanung aufgenommen: Operationalisiert wurde er bis heute nicht oder nur als Ausnahme in Gefahrenfällen. Diese Veränderung des Aufgabenverständnisses der Raumplanung in diesem Jahrhundert in Deutschland ist in der nachfolgenden Übersicht skizziert.

Vor dem Hintergrund der im Kapitel 3 beschriebenen Werteveränderungen kann kein Zweifel darüber bestehen, daß neben dort
bereits kritisierten Werten (wie ökonomische Rationalität /
Leistung / Arbeit / Konsum) für die Raumordnung im besonderen
Maße der Entwicklungsbegriff, wie er z.B. auch im ROG postuliert ist, einer Modifizierung bedarf, solange er im überwiegend quantitativen Sinne Verwendung findet.

Der Mehrung quantitativer Sachverhalte muß dem Stoff-, Energie-
und Ressourcenverbrauch und den damit einhergehenden Nebenwirkungen sowie auch den - oft negativen - Auswirkungen, die sich
auf soziale und kulturelle Tatbestände und Systeme ergeben,
gegenübergestellt (bilanziert) werden. Dies ist zwar in § 1
Abs. 1 ROG verbal formuliert, aber nie in die Planungsrealität
umgesetzt worden, es sei denn wiederum in Quantitäten wie in
Investitionszahlen für Museen oder Theater oder in Schüler/Leh-
rer-Relationen bei Bildungseinrichtungen oder Altenheimplätzen.
Unabdingbar ist es also, auf den Entwicklungsbegriff in der
Raumplanung künftig zu verzichten oder ihn so zu interpretie-
ren, daß die qualitativen Aspekte in den Vordergrund treten
(vgl. dazu HÜBLER, 1985).

Allerdings löst auch eine Neudefinition des Entwicklungsbegrif-
fes noch keinesfalls das Problem der Neuorientierung raumplanerischer Ziele und Strategien, denn Begriffe sind Konventionen.
Wenn also die diesem Begriff zugrunde liegenden Vorstellungen
oder Theorien nicht überprüft und gegebenenfalls modifiziert
werden, ist damit noch nichts erreicht.

In Übersicht 7 ist die Aussage enthalten, daß die Raumplanung
in der Bundesrepublik Deutschland seit den 60er/70er Jahren in

Übersicht 7: Phasen der Raumplanung in Deutschland

Zeitraum von - bis	Hervorstechende Merkmale	Ziele/Leitbilder/Werte	Methoden/Instrumente Wissenschaftsbereiche
1	2	3	4
1900-1930/40	Planung von Freiflächen, dezentrale Strukturen: die Ordnungsaufgaben in Ballungsgebieten stehen im Vordergrund (Ruhrgebiet, Halle-Leuna Hamburg, Berlin)	Erhaltung von Freiflächen, Ordnung der Siedlungsentwicklung in Verdichtungsräumen	Erfahrungswissen aus der städtebaulichen Praxis (Bauordnungsrecht): Städtebau, Freiraumplanung, Geographie
1935-1945	Zentralistische Planung unter Berücksichtigung kriegswirtschaftlicher Aspekte	Autarkie, Nutzung einheimischer Rohstoffe, strategische Erfordernisse, Dezentralisierung der Industrie	Ökonomische Begründungen, Standorttheorien, Ideologie (Blut und Boden), Geographie
1945-1965	Wiederherstellung zerstörter Systeme (materiell und institutionell), Wiederaufbau, Eingliederung der Vertriebenen und Flüchtlinge, zunächst engpaßorientiert (dezentral)	Rekonstruktion früherer Raumu. Siedlungsstrukturen, Beseitigung von Wachstumsengpässen	Deskriptive Erfassung von Raumkategorien, Abgrenzungen von Gebietstypen/Regionen. Es überwiegen Methoden der Geographie, z.B. Theorie der zentralen Orte, Tragfähigkeit von Räumen
1965-ca.1975	Verteilung der Zuwächse, Abbau des Stadt-Land-Gegensatzes, Maßstabsvergrößerung, "Rationalisierung" der Raumnutzung nach ökonomischen Gesetzmäßigkeiten, Ausbau von Infrastruktursystemen	Gleichwertige Lebensverhältnisse, Disparitätenabbau, die autogerechte Stadt, Trabantenstädte	Ökonomische Theorien und Methoden sind raumordnerisches "Herschaftswissen", zunehmende Verrechtlichung der Raumplanung
ab 1975/80	sog. Trendwende, Bevölkerungsrückgang, geringe Raten des wirtschaftlichen Wachstums, Umweltbewußtsein, mangelnde Akzeptanz räumlicher Planungen, Bürgerinitiativen	Verbale Zunahme des Stellenwerte von Umweltzielen (ohne Instrumentierung), endogene Entwicklung	wie oben; analytische Zerschneidung von Systemen (z.B. durch Indikatoren), "Rationalisierung" der Planungsentscheidungen z.B. durch Anwendung von in der Ökonomie entwickelten Entscheidungsverfahren (Kosten-Nutzenanalyse u.a.)

starkem Maße einem ökonomischen oder ökonomistischen Denken unterworfen wurde, so soll dies nachfolgend an einigen Beispielen belegt werden, die einen generellen Trend dokumentieren sollen (und natürlich in manchen Einzelfällen dann am Beispiel widerlegt werden können).

Dabei soll in dieser Untersuchung auf die generelle Kritik, die in neuerer Zeit an dem Denkgebäude der Makro-Ökonomie, an ihrer Vorgehensweise, ihrem "Quantifizierungs- und Modelldenken" und an ihrer vielfach erwiesenen Unfähigkeit, reale wirtschaftliche Prozesse erklären und prognostizieren zu können, nicht weiter eingegangen werden. Insofern wird beispielhaft auf die Arbeiten von F. Capra (1982), L. Thurow u.a. verwiesen. Vielmehr soll an Hand einiger konkreter Beispiele dargestellt werden, wo dieses (makro)ökonomische Denken in der Raumplanung in den letzten 3 Jahrzehnten umzusetzen versucht wurde: oder wo die allgemeine Ökonomisierung gesellschaftlicher Prozesse (also die Bewertung dieser aus ökonomischer Sicht) Niederschlag in der Raumplanung gefunden hat. Die Zusammenhänge zum Thema Wertwandel sind in diesen Beispiel so evident, daß sie nicht noch besonders herausgehoben werden brauchen.

1) <u>Volkswirtschaftliche Gesamtrechnungen, Steigerung des Bruttosozialproduktes als raumplanerische Zielgröße</u>
Eine zentrale Maß- und Zielgröße der Raumplanung, aber auch vieler anderer staatlicher Planungen und Entscheidungsverfahren, ist das Bruttoinlandsprodukt (BIP). Es dient einmal Analysezwecken (Vergleich von Regionen untereinander); es wird aber auch als Zielgröße (Richtwert, Norm) verwendet (die Wirtschaftskraft der Regionen, die unter dem Bundes- oder Landesdurchschnitt liegen, sollen an den Durchschnitt herangeführt werden; vgl. beispielhaft § 2, Abs. 1 ROG: Wirtschaftskraft ist danach das BIP absolut oder das BIP je Einwohner. Und es wird oft unterstellt, daß damit zugleich der Wohlstand einer Region beschrieben werden kann.

Das BIP hat in der Raumplanung wegen der zentralen Bedeutung der Wirtschaftskraft oder der wirtschaftlichen Leistungsfähigkeit Leitfunktionen (z.B. bei der Abgrenzung von Regionen, der Konzipierung siedlungsstruktureller Strategien wie z.B. zentrale Orte oder Achsenkonzpete).

Die Einführung des "geschätzten" regionalisierten BIP in den 60er Jahren in der Bundesrepublik wurde von den Analytikern freudig begrüßt. Freilich wurde und wird bei der Verwendung dieser Meß- und Zielgröße in den seltensten Fällen bedacht, daß beim Verfahren der Ermittlung des BIP im Rahmen der "Volkswirtschaftlichen Gesamtrechnung" eben von einem Denkmodell ausgegangen wird, das unterstellt, alle zu erfassenden Gegenstände seien einer monetären Bewertung zugänglich. Jene, die es nicht sind, bleiben unberücksichtigt. Freie Güter wie "saubere Luft" oder die Schönheit einer Landschaft werden im Rahmen dieser Rechenmethode nur dann mit erfaßt, wenn dafür Aufwendungen notwendig werden (Maßnahmen zur Luftreinhaltung) oder ein monetär meßbarer Nutzen entsteht (Erträge aus dem Fremdenverkehr bei Nutzung der "schönen Landschaft"). Wird Boden als landwirtschaftlich genutzte Fläche durch eine planerische Entscheidung in Bauland umgewidmet, so steigt im Regelfall dessen Preis um ein Vielfaches, die (monetäre) Wertsteigerung leistet einen Beitrag zur Steigerung des BIP, obgleich dieser Vorgang im Einzelfall keinesfalls eine Steigerung der Wohlfahrt eines Teilraumes bedeuten kann, sondern eher das Gegenteil.

Es kann im Rahmen dieses Beitrages nicht auf die Vielzahl der Probleme eingegangen werden, die mit dem Indikator BIP verbunden sind (z.B. Schattenwirtschaft). Mit den Beispielen sollte lediglich deutlich gemacht werden, daß die Verwendung des BIP als herausragende Meß- und Entscheidungsgröße in der Raumplanung in Zweifel zu ziehen ist. Strategien, die nur einem Wachstum des BIP das Wort reden, ohne gleichzeitig die Nebenwirkungen (Stoff-, Energie- und Res-

sourcenverbrauch, Emmissionen, soziale und kulturelle Auswirkungen) in eine Bilanzierung einbeziehen, führen zu Ergebnissen, die offensichtlich eine immer geringere Akzeptanz erfahren und nur für eine Minderheit Vorteile erbringen.

2) **Ökonomische Standorttheorien als zentrale Erklärungsansätze
für die Raumplanung**

Die ökonomischen Standorttheorien, die maßgebliche Beiträge
zur Erklärung der Entwicklung der in allen Ländern zu beob-
achtenden regional differenzierten Siedlungs- und Standort-
strukturen (der Industrie und des Dienstleistungssektors,
der landwirtschaftlichen Bodennutzung und des Fremdenver-
kehrs) und auch für Aufstellung von raum- und siedlungs-
strukturellen Konzepten verwendet wurden (zentrale Orte,
Entwicklungspoole, Achsen, Konzepte, Abgrenzung von Regionen u. dgl.), gehen im wesentlichen von einer theorie- und
modellbedingten Vereinfachung aus, nämlich dem homogenen,
ebenen oder gleichmäßigen Raum oder von einer Fläche mit
einem gleichmäßigen Raum oder von einer Fläche mit einer
gleichmäßigen Verteilung der Ressourcen und Güternachfrage.
Die vorhandenen natürlichen Unterschiede in der ökologischen Leistungsfähigkeit der Teilräume, der Topographie,
des Klimas usw. werden in diesen theoretischen Erklärungen
ebenso bewußt ausgeklammert wie regional unterschiedliche
Potentiale, Wertvorstellungen und Verhaltensweisen der in
diesen Räumen lebenden Menschen.

Beachtlich ist jedoch nun, daß viele Ökonomen und auch
Raum- und Städteplaner bei der Erklärung von historisch
gewachsenen und vorhandenen, aber auch bei der Erarbeitung
von Siedlungsstrukturkonzepten, die zuvor in den Modellen
und Theorien getroffenen Annahmen vernachlässigen und z.B.
die Frage nach der Siedlungsstruktur reduzieren auf die
Frage nach den Standorten des nichtlandwirtschaftlichen
Gewerbes (beispielhaft v. Borries, 1969; Buttler/Gerlach/

Liepmann, 1975). Aus diesen Theorien werden Begründungen
für den Ausbau von Straßen, die Festlegung von Standorten
für Einkaufszentren u. dgl. abgeleitet. Sie haben das Denken und Handeln der Raumplaner der letzten Generation stark
beeinflußt.

3) Während in der klassischen Ökonomie, z.B. bei Adam Smith
oder David Ricardo, Boden als natürliche Ressource eine
zentrale Funktion in den Theorien und Erklärungsversuchen
als einer der drei Produktionsfaktoren hatte (an die zentrale Bedeutung des Bodens bei den Physiokraten wird besonders erinnert), hat die Bedeutung des Bodens in den letzten
Jahrzehnten sowohl in der Theorie als auch in der Praxis
abgenommen. Als Produktionsfaktor wird er in der ökonomischen Theorie nicht mehr benötigt und durch den Produktionsfaktor "technischer Fortschritt" ersetzt und in der Praxis ist er - wegen des ökonomischen Bedeutungsverlustes des
primären Sektors und der Ernährungssicherung (das Ernäh-
rungsproblem kann durch Importe vor allem aus Ländern der
Dritten Welt gelöst werden) - als eine ubiquitäre Restgröße
allenfalls im Hinblick auf die Bodenpreisgestaltung interessant.

Und bei einem Versuch, die Funktionen des Bodens in der
Entwicklungsgeschichte der Raumplanung zu verfolgen, ist
ein ähnlicher Wandel feststellbar. Waren in früheren Konzeptionen und auch theoretischen Erklärungen die Potentiale
des Bodens oder des Raumes eine zentrale Bestimmungsgröße
(z.B. die "Tragfähigkeit" eines Raumes), so ist Raum oder
Boden in den heutigen raumplanerischen Theorien und praktischen Konzeptionen vor allem der räumliche Bezugsrahmen,
auf dem sich - innerhalb oder oberhalb - das Denken der
Raumplaner bezieht. Die Folgen eines so gewandelten Bezuges
zum Forschungs- und Handlungsgegenstand der Raumforschung
sind vom tatsächlichen Potential losgelöste Erklärungs- und
Handlungsmodelle, bei denen unterstellt wird, de facto

überall alles planen (und implementieren) und produzieren zu können. Weder konnte mit Mitteln der räumlichen Planung erreicht werden, daß der "Landschaftsverbrauch" insgesamt reduziert werden konnte, noch ist es gelungen, die sonstigen schwerwiegenden Zerstörungen des Bodens mit Mitteln der Raumplanung zu verhindern oder im Ausmaß zu verhindern (vgl. dazu D. Fürst, 1985, K.-H. Hübler, 1986, A. Book, 1986).

4) **Das räumliche Gleichgewicht, eine Fiktion der Raumplanung?**
Ein weiteres Problem scheint in dem Gleichgewichtsverständnis vieler Ökonomen und Raumplaner zu liegen, das oft-übertragen auf räumliche Fragestellungen - ebenfalls zu einer weitgehenden oder völligen Vernachlässigung jener komplexen Gegenstände führt, die über Raumplanung im Sinne bestimmter normativer Ziele beeinflußt oder gesteuert werden können oder sollen. Der Weg von der Aussage C. Morgensterns "Der Stolz der theoretischen Ökonomie bildet die Theorie des allgemeinen Gleichgewichts, die in den verschiedensten Formen entwickelt ist" bis hin zu einer Anwendung dieser Forderung auf Raum- und Siedlungsstrukturkonzepte, aber auch von Modellen, die mit dem Slogan von der Herstellung gleichwertiger Lebensverhältnisse in allen Teilräumen begründet werden, ist in der Bundesrepublik ziemlich kurz gewesen (vgl. im einzelnen dazu Hübler, Scharmer, Weichtmann, Wirz, 1980). Er hat auch konzeptionell in eine Sackgasse geführt (spätestens seit den Diskussionen über das BROP 1972 - 1975), die verhindert hat, daß sich Raumplanung den neueren Herausforderungen gestellt hat. Gleichwohl sind Wertvorstellungen über räumliche Gleichgewichte expressis verbis im SARO-Gutachten (noch) nicht formuliert worden, wohl aber daraus ableitbar (vgl. auch K.-H. Hübler, 1985).

5) <u>Die Vernachlässigung nicht monetär erfaßbarer Sachverhalte</u>
   <u>in der Raumplanung</u>

Die ökonomischen Wissenschaften begründen die Notwendigkeit
staatlicher Raumplanung mit einer Effizienzsteigerung, d.h.
mit Optimierung des einzusetzenden staatlichen und privaten
Kapitals zum Zwecke einer Wohlfahrtsteigerung. Der dabei
entstehende Konflikt zwischen Wachstumssteigerung und Ver-
sorgungsgerechtigkeit ist ein zentrales Bestätigungsfeld
ökonomischer Theorie und raumplanerischer Praxis. Wohlfahrt
wird im Sinne der Ökonomie in der Mehrung monetärer Tatbestände (Sozialprodukt, Einkommen u. dgl.) definiert. Obgleich die Ökonomik sich als eine Denkmethode versteht, die
nicht nur als eine Wissenschaft im Sinne der Produktion und
Verteilung materieller Güter verstanden werden kann, sondern sich ganz allgemein mit der Verwendung knapper Ressourcen befaßt, erfolgt dies unter der Bedingung, daß diese
Knappheit durch Preise und Kosten zum Ausdruck kommt und
auch der Nutzen von ökonomischen Maßnahmen/Entscheidungen
in monetären Größen erfaßt werden kann. Wo dies nicht der
Fall ist, wird durch (gewagte) Bewertungsverfahren (Oppor-
tunitätskostenansatz) eine solche Knappheit berechnet mit
der Unterstellung, daß sich alle am Entscheidungsprozeß
Beteiligten ökonomisch rational verhalten (homo oekonomi-
cus). Oder freie Güter werden privatisiert (Verschmutzungs-
rechte, Zertifikate u.a.). Die stofflichen, energetischen
und naturalen Bedingungen und Systemzusammenhänge werden
indes bei einem solchen Vorgehen in gleicher Weise vernach-
lässigt wie bei Versuchen, Kosten und Nutzen der Veränderung sozialer Systeme oder kultureller Einrichtungen und
Prozesse zu bewerten. Die Frage der ökologischen Effizienz
(Minimierung der Stoff- und Energieumsätze und Emmissionen
wird neuerdings zwar als eine Nebenbedingung geprüft, sie
ist jedoch noch keineswegs eine zentrale Entscheidungs-
grundlage in der Raumplanung (vgl. z.B. § 7 Abs. 2 Bundes-
haushaltsordnung: dort ist vorgesehen, daß Nutzen-Kosten-
Analysen für geeignete Maßnahmen von erheblicher Bedeutung

als Entscheidungshilfen durchzuführen sind). Die Nutzen-
Kosten-Analyse ist eine Art Investitionsrechnungstechnolo-
gie für staatliche Projekte; "sie ist der Versuch, die Rationalität der Mittelverwendung im öffentlichen Bereich zu
erhöhen, indem versucht wird, die Rationalität des Preis-
systems auch bei der Lösung von Aufgaben, die aus technischen Gründen von der Marktwirtschaft per se nicht befrie-
digend gelöst werden können anzuwenden (Hansmeyer/Rürup,
1974, S. 65). Ähnliche verbindliche Verfahrens- und Metho-
denvorschriften fehlen für die Prüfung der ökologischen Effizienz oder der kulturell-sozialen Dimension in der Raumplanung (dies soll die seit rd. 12 Jahren in der Diskussion
befindliche Umweltverträglichkeitsprüfung leisten, die bisher noch kaum entscheidungsrelevant geworden ist und die
durch die EG-Richtlinie nun auch in der Bundesrepublik verbindlich eingeführt werden soll). Jedoch: die Entscheidung
über den Bau des umstrittenen Rhein-Main-Donau-Kanals erfolgte auf der Basis von Kosten-Nutzen-Analysen; die ökologischen Auswirkungen dieses großen Eingriffs in den Naturhaushalt spielte im Abwägungs- und Entscheidungsprozeß offensichtlich eine untergeordnete Rolle.

Dieses Kriterium der ökonomischen (und z.T. fiskalischen)
Effizienz hat - in zu starker Anlehnung an einen eindimen-
sionalen ökonomischen Rationalitätsbegriff - eine große
Bedeutung bei Entscheidungen der Raumordnungspolitik, sei
es bei der Aufstellung von Plänen und Programmen oder bei
Einzelentscheidungen über Standorte und Trassen. Fragen der
ökologischen Effizienz hingegen werden im Regelfall verengt
auf den Naturschutz oder Landschaftsschutz bezogen und als
sogenannte fachplanerische Aspekte in die Abwägung eingeführt.

6) **Raumplanung als offenes System**

Die Nutzung des Raumes entsprechend den Konzepten der Raumplanung wird nach dem Leitbild der Raumordnung (§ 1 und 2
ROG und die einschlägigen Regelungen in den Landesplanungs-

gesetzen) als sogenanntes "offenes System" verstanden. Dies ist bereits im SARO-Gutachten so angelegt.

Weder ist es in den letzten Jahren, zumindest seit den Ver-öffentlichungen des Club of Rome und anderer Weltmodelle, gelungen, die Überlegungen der Endlichkeit der natürlichen Ressourcen als Planungsmaxime insgesamt in die räumliche Planung einzuführen noch für einzelne Ressourcen wie z.B. den Boden (Ansätze dazu finden sich neuerdings im Entwurf des LEP III NRW). Würde zunächst einmal gedanklich eine solche Änderung der Sichtweise vollzogen, ergäben sich auch von daher andere Bewertungsmaßstäbe für Pläne, Programme und Einzelvorhaben (z.B. Infrastrukturprojekte). Daß also nicht nur die ökonomisch meßbare Knappheit ein Kriterium raumplanerischer Entscheidung ist, sondern auch die End-lichkeit, die Einmaligkeit oder überhaupt die Verpflichtung der Erstellung oder Wiederherstellung des Vorhandenen. Wenn dem Wert "Erhaltung der Schöpfung" neuerdings ein hoher Stellenwert durch die politisch Verantwortlichen z.B. durch Bundeskanzler Dr. Kohl in seiner Regierungserklärung vom 18. März 1987 zugemessen wird, ist einsehbar, daß Angebots- und Nachfragemodelle ökonomischer Provienz für die Raum-planung nur noch von begrenztem Wert sein können. Die von Raumplanern persiflierte Frage, ob wegen des Schutzes einer bestimmten Laufkäferart eine geplante Straße nicht gebaut werden kann, stellt sich dann nicht mehr, wenn die "neue" Wertdimension ernstgenommen wird. Vielmehr wird dann zu fragen sein, ob der angenommene Bedarf für diese Straße akzeptabel ist und/oder ob es Ausgleichs- oder Ersatzmög-lichkeiten gibt? Diese Fragen zu beantworten erfordert, daß die Raumplanung ihr offenes Angebots-Nachfrage-System ver-läßt und innerhalb bestimmter Bezugsrahmen (Regionen, Län-der) jeweils im Rahmen einer Gesamtbilanzierung Entschei-dungen vorbereitet und trifft. Die kleinräumig gedachten und erst partiell ausgeführten Vorschriften des § 8 BNatschG (Ausgleichs- und Eingriffsregelungen) könnten dazu, übertragen auf größere Bezugseinheiten, gedanklich ein Vorbild sein.

Und auf einen weiteren Beleg für die These, daß Raumplanung in zu starkem Maße von ökonomischen Denk- und Wertvorstellungen geprägt ist, sei verwiesen: nach wie vor werden von zahlreichen Wissenschaftlern und Politikern die Begriffe "Raumordnungspolitik" und "Regionalpolitik im Sinne regionaler Wirtschaftspolitik" synonym verwendet. Daß dies zwei unterschiedliche Aufgaben mit unterschiedlicher Zielsetzung sind, ist offensichtlich bis heute nicht aufgefallen[8].

Diese Beispiele zeigen eine große Diskrepanz

- zwischen heute bedeutsamen Wertvorstellungen und den Versuchen der Institutionen der Raumplanung, Raum zu erfassen, zu bewerten und zu planen und

- zugleich auch das time-lag, das zwischen der allgemeinen Raumplanungspraxis (Ausnahmen ausgeschlossen) und dem heutigen wissenschaftlichen Erkenntnisstand zu bestehen scheint.

Zwar ist auch in der Vergangenheit verschiedentlich versucht worden, diese einseitige ökonomische Orientierung der Raumplanung zu verändern. Diese Versuche haben allerdings nur zu marginalen Veränderungen der Betrachtungsweise geführt, weil sie alle innerhalb des oben skizzierten ökonomisch bestimmten Bezugsrahmens geblieben sind und somit auch von Wertvorstellungen ausgegangen sind, die offensichtlich auch in der Bevölkerung

---

[8] Der bayrische Umweltminister Dick formulierte diesen Sachverhalt 1983 wie folgt: "... die Raumordnung ist von ihrer Denkweise her der ökonomischen Denkweise verhaftet. Ein wesentlicher Aspekt der Raumordnung sind die sozio-ökonomischen Beziehungen. Viele Landesplaner haben eine wirtschaftswissenschaftliche Ausbildung ... Dabei stellt sich die Frage, ob diese mit den herkömmlichen landesplanerischen Mitteln noch angemessen zu bewältigen sind oder ob die Raumordnung ihr Instrumentarium und ihre räumlichen Bezugsgrößen nicht stärker an den Kriterien und Phänomenen des Umweltschutzes orientieren muß". in: Raumordnung und Umweltschutz, 6. Fortbildungstagung der Landes- und Regionalplaner in Bayern, Arbeitsmaterial der ARL, Bd. Nr. 88, Hannover, 1984.

und bei den Politikern vor Ort eine abnehmende Akzeptanz erfahren.

Erinnert sei in dem Zusammenhang an die Versuche, durch gesellschaftliche Indikatoren (Beirat für Raumordnung, 1976) den qualitativen Merkmalen des Raumes größere Bedeutung beizumessen, obwohl die Mehrzahl der seinerzeit diskutierten Indikatoren wiederum von Quantitäten ausgingen. Bemerkenswert ist, daß dieser Ansatz von der Planungspraxis nur partiell insoweit aufgegriffen wurde, als er für analytische Zwecke Verwendung finden konnte, als normative Planungsvorgaben haben diese Indikatoren in der Raumplanungspraxis keine Bedeutung erlangt.

Verwiesen sei schließlich auf das neuere Schlagwort der endogenen Entwicklung von Teilräumen: gemeint ist damit vor allem für ländliche Gebiete die "Uralt-Konzeption" der Entwicklung dieser Gebiete, wie sie bereits im SARO-Gutachten vorgeschlagen wurde, neu etikettiert und mit einigen modischen Floskeln versehen. In beiden Konzepten wird im Prinzip von den überkommenen Wertvorstellungen der 50iger/60iger Jahre ausgegangen, die noch um den Aspekt des räumlichen Gleichgewichtes ergänzt werden. Ob damit die Probleme jener Räume, die von den ökonomisch definierten Durchschnittswerten abweichen, gelöst werden können, muß nach rd. 20-jährigen (1965 Erlaß des ROG) oder rd. 10-jährigen Versuchen (1976: Beirat für Raumordnung) mit Skepsis beurteilt werden.

Ein - wenn auch methodisch noch bescheidener - Ansatz in eine andere und möglicherweise dem Wertewandel eher entsprechenden Richtung scheinen die verschiedenen Versuche zu sein, regionale Energiebilanzen aufzustellen und die Energiepolitik zu regionalisieren. Wenn diesen Versuchen auch derzeit noch gewichtige institutionelle Hemmnisse (Reichsenergiewirtschaftsgesetz von 1935) und ökonomische Interessen entgegenstehen, scheint dieser Ansatz auch vor dem Hintergrund des Wertewandels interessant und auf andere raumstrukturelle Merkmale hin erweiterungsfähig.

5.3 Ökologische Normen als Vorgaben für ein neues Leitbild der Raumordnung?

Die Raumplanung hat der Herausforderung, die sich aus der zunehmenden Zerstörung der Umwelt ergeben, vor allem dadurch zu begegnen versucht, daß sie

- in Plänen und Programmen versucht hat, die die natürlichen Lebensgrundlagen betreffenden Aussagen sowohl in der Analyse als auch im Planungsteil zu verbessern und zu präzisieren. Diese Absicht gelang nur unzureichend und wurde z.T. mit dem unzureichenden Informationsgrundlagen erklärt (Kittelmann, Hübler, 1984);

- den Belangen des Umweltschutzes, soweit sie fachgesetzlich normiert sind, im Abwägungsfall größeres Gewicht beizumessen (Natur- und Landschaftsschutz, Gewässerschutz usw.) versucht und

- auch bei raumplanerischen Verfahren den Belangen des Umweltschutzes bessere Möglichkeiten einzuräumen beabsichtigt (vgl. die derzeitige Diskussion über die Koppelung des Raumordnungsverfahrens mit der Umweltverträglichkeitsprüfung).

Auch die Entschließung der MKRO (1972) "Raumordnung und Umweltschutz", hat, ausgehend vom Umweltprogramm der Bundesregierung (1971), die Bedeutung des Umweltschutzes hervorgehoben und der Erhaltung der natürlichen Lebensgrundlagen einen hohen Stellenwert beigemessen. Allerdings: Die folgende normative Aussage: "Bei Zielkonflikten muß dem Umweltschutz dann Vorrang eingeräumt werden, wenn eine wesentliche Beeinträchtigung der Lebensverhältnisse droht oder die langfristige Sicherung der Lebensgrundlagen gefährdet ist." ist bisher weder operationalisiert noch hinreichend implementiert worden (vgl. auch D. Marx, 1987).

Die Institutionen der Raumplanungspraxis und auch weite Teile der Raumforschung verstehen Umweltbelange als eine sektorale Teilaufgabe, die abzuwägen ist mit anderen wichtigen oder unwichtigen sektoralen Erfordernissen. Dies wird auch in der Darstellungsweise deutlich. In den Raumordnungsberichten, im Landesentwicklungsprogramm und Plänen und in Regionalplänen werden neben der eher geographisch-deskriptiv vorgenommenen Analyse über die natürlichen Gegebenheiten im Planungsteil dann additiv einzelne Umweltschutzplanungen und Maßnahmen nebeneinander gestellt, ohne daß die ökosystemaren Zusammenhänge mit der Raum- und Siedlungsstruktur, mit dem Verkehr, der Produktion oder anderen Raumveränderungen sichtbar werden. Diese Sichtweise drückt sich dann auch dadurch aus, daß Pläne, die bestimmte Ausschnitte der Ökosysteme zum Inhalt haben (z.B. Landschaftsrahmenpläne) neben vielen anderen die Funktion eines Teilplanes haben.

Übersehen wird dabei, daß die natürlichen Lebensgrundlagen (ihr Vorhandensein, ihre Nutzungsfähigkeit) eigentlich Vorausetzung und Bedingung jeder menschlichen Nutzung ist. Dies ist zwar bereits in § 1 Abs. 1 ROG normiert:

> "Das Bundesgebiet ist in seiner allgemeinen räumlichen Struktur einer Entwicklung zuzuführen, die der freien Entfaltung der Persönlichkeit in der Gemeinschaft am besten dient. Dabei sind die natürlichen Gegebenheiten sowie die wirtschaftlichen, sozialen und kulturellen Erfordernisse zu beachten."

Die Gegenüberstellung der Beachtenspflicht der natürlichen Gegebenheiten einerseits und der wirtschaftlichen, sozialen und kulturellen Erfordernisse andererseits, zeigt bereits vom Gesetzestext her eine normative Gewichtsverteilung in besonderer Weise auf, die von der Planungspraxis bisher selten, aber auch von der Wissenschaft kaum beachtet wurde (vgl. dazu Hübler, 1981), sondern eher als Leerformel übersehen wurde. Die Planungspraxis beruft sich dann eher auf den in der Tat eher sektoral angelegten Grundsatz des § 2 Abs. 1, Ziff. 7 ROG: Schutz der Landschaft, Wasserreinhaltung, Reinhaltung der Luft, Erholung u.a.
Die Erhaltung der natürlichen Lebensgrundlagen im Rahmen der räumlichen Planung könnte also schon heute in wesentlich ande-

rer Form nach den Buchstaben des Gesetzes erfolgen. Daß die nicht der Fall ist, hängt sicher <u>auch</u> mit dem theoretischen Zugang der Raumplanung zum Raum, wie er in Abschnitt 5.2 skizziert wurde, zusammen. Seit einiger Zeit werden Überlegungen angestellt, die überwiegend ökonomisch geprägte Sichtweise der Raumplanung (das gilt für die kommunale Planung in gleicher Weise) durch eine ökologische Dimension zu ergänzen und/oder durch diese zu ersetzen. Verwiesen wird in dem Zusammenhang beispielhaft auf die Arbeiten von F. Vester und A. von Hesler (1976) und auf die Ergebnisse der Arbeiten der von den Bundesministerien des Innern und Ernährung, Landwirtschaft und Forsten beauftragten Projektgruppe "Aktionsprogramm Ökologie" (1983).

Bei diesen Arbeiten sind vom Prinzip her zweierlei Absichten zu unterscheiden, die sich zum Teil vermischen, hier aber aus Darstellungsgründen zunächst auseinander gehalten werden:
- einmal wurden und werden Überlegungen angestellt, Ziele für die weitere Gesellschaftsentwicklung und damit auch für die Raumplanung aus Prinzipien oder Erkenntnsissen der Ökosystemforschung abzuleiten und für raum- und siedlungstrukturelle Optionen oder Leitbilder auszuformen und/oder
- Regeln, Sichtweisen und Verfahren der räumlichen Planung zu überlegen, die den ganzheitlichen Erfordernissen eher entsprechen.

Die erstgenannte Absicht geht von der allgemeinen Ökologiediskussion aus und versucht, abstrakte und z.T. konkrete Anforderungen, Leitbilder und Wertmaßstäbe für die künftige Organisation der Gesellschaft abzuleiten.
Es soll hier die derzeit im Allgemein geführte Ökologie-Diskussion in den Sozialwissenschaften nicht aufgearbeitet werden. Verwiesen wird beispielhaft in dem Zusammenhang vor allem auf Arbeiten von Amery (1978), Schramm (Hrsg.) (1984), Vester, von Hesler (mit räumlichem Bezug) und einen Beitrag von Reiche (1984).

Drei für die Raumordnungspolitik möglicherweise bedeutsamen Aspekte sollen herausgegriffen werden:

Stabilität/Vielfalt/Gleichgewicht: Für die sogenannten Diversitäts-Stabilitäts-Theorie gilt die Aussage: Eine regionale Biozönose ist umso stabiler, je mehr Arten sie umfaßt. Diese Aussage, die in den biologischen Wissenschaften aus Konsistenzgründen umstritten ist (Reiche, S. 48), ist ein schon heute häufig verwendetes Argument für die Begründung von bestimmten Schutzanforderungen an Flächen. Dagegen wird vom Prinzip nichts einzuwenden sein, weil - selbst wenn die Zusammenhänge biologisch eindeutig nicht belegbar sind - die Plausibilität und die mathematische Wahrscheinlichkeit für die Annahme spricht, daß eine größere Vielfalt von Arten im Regelfall Landschaftsstrukturen eher erhalten kann als eine geringe Zahl.

Anders ist es mit dem sogenannten ökologischen Gleichgewicht oder dem Begriff der Ökostabilität. Alle Ökosysteme sollen im Gleichgewicht bleiben oder in eine Gleichgewichtslage gebracht werden, so könnte eine (normative) Forderung lauten, die aus der ökologischen Stabilitätshypothese in die räumliche Planung umgesetzt werden könnte. Dies böte sich vielleicht auch deswegen an, weil ja in der die Raumplanung bisher stark beeinflussenden ökonomischen Wissenschaft die Vorstellung auch von räumlichen Gleichgewichten nach wie vor einen hohen Stellenwert hat.
Mit dem ökologischen Stabilitätsbegriff wird häufig - insbesondere in der Humanökologie - zweierlei verstanden: Die Stabilität einer Gesellschaft im Verhältnis zu ihrer Umwelt und das engere ökologische Gleichgewicht, also die Konstanz der Artenzahl oder einer Art (z.B. numerischer Ausgleich zwischen Geburten und Sterbefällen). Aber auch gegen dieses Statiblitätstheorem bestehen aus der Sicht der Ökologie Bedenken, die insbesondere aus der Evolutionstheorie abgeleitet werden (Evolution und Gleichgewicht schließen sich gegenseitig aus) und auf die hier nicht weiter eingegangen werden soll. Darüberhinaus hat die

Ökosystemforschung das sogenannte ökologische Gleichgewicht und
die Stabilität nur begrenzt definiert: Ein Ökosystem ist "ein
Wirkungsgefüge von Lebewesen und deren organischer Umwelt, das
zwar offen, aber bis zu einem gewissen Grade für Selbstregula-
tion befähigt ist" (Ellenberg, 1973). Die Fähigkeit zur Selbst-
regulation ist also nur in bestimmten Grenzen möglich. Die Frage, ob es gelingt, für die Vielzahl der verschiedenen Ökosysteme die Grenzen zu bestimmen, innerhalb derer die Selbstregu-
lation noch funktioniert, ist noch kaum beantwortbar. Gleichwohl wird auch mit dieser Definition deutlich, daß es problematisch sein dürfte, daraus Normen ableiten zu wollen. Erschwe-
rend komme hinzu, daß die für die Raumplanung erforderliche
räumliche Abgrenzung der verschiedenen Ökosysteme (die sich
z.T. überlagern und deren Grenzen zueinander oft fließend sind)
in operationaler Weise kaum zu leisten sein wird. Ob dieses
Problem mit dem Ansatz der naturräumlichen Gliederung zu lösen
ist, soll hier nicht weiter untersucht werden.

Zusammenfassend läßt sich feststellen, daß gegen die Übertra-
gung der in der Biologie diskutierten Begriffe auf gesellschaftliche und damit auch auf raumplanerische Entscheidungen
Bedenken dann bestehen, wenn versucht wird, aus solchen Hypothesen Ziele oder Normen, z.B. für die Raum- und Siedlungsstruktur, abzuleiten. Ob die Ökosystemforschung im Laufe der
Zeit Teilbeiträge zur Normung von (anzustrebenden) Ökosystemen
zu leisten vermag, muß bezweifelt werden. Sie sieht das vom
Prinzip her auch nicht als ihre Aufgabe an ("... die schritt-
weise zu einer immer vollständigeren Übersicht über die Ökosysteme der Erde führen: Strukturanalysen, Typisierung, Klassifikation und Kartierung." (Ellenberg, 1973). Sie müßte sodann
gesellschaftliche Aspekte in ihre Analyse und Klassifikation
einbeziehen (Wertvorstellungen, Kosten (Verzichtskosten) u.a.)
und würde damit ihren naturwissenschaftlichen Anspruch aufge-
ben.

<u>Ökologische Kreisläufe:</u> In der derzeitigen Ökologiediskussion-
die sich auch auf die Raumplanung ausdehnt -, wird sozusagen
als eine "Vielzweckwaffe" die Anpassung des Wirtschaftssystems
an ökologische Regelkreisläufe als ein Allheilmittel angesehen.
Ausgangüberlegungen der Kreislaufideen sind die beiden Haupt-
sätze der Thermodynamik: dem Grundsatz der Erhaltung von Materie und Engerie und dem Gesetz der Entropie. Daraus abgeleitet
wird die Folgerung, daß diese Grundsätze der Natur, nämlich
Sparsamkeit und Wiederverwendung, auch Grundsätze im gesell-
schaftlich/ökonomisch/technischen Bereich werden müssen. "Der
Kreislauf der Natur muß das Vorbild von Technik und Wirtschaft
werden." (H. Gruhl, 1978, S. 8). Gruhl geht von zwei Regelkrei-
sen aus (natürlicher Regelkreislauf und künstlicher Produkti-
onskreis) und fordert sodann die Einschränkung und Anpassung
des künstlichen Kreislaufes. Amery schließlich fordert die Unterordnung des Menschen unter die natürlichen Kreisläufe
(Amery, S. 48). Eine solche Fortentwicklung eines Analysegegen-
standes - der Untersuchung natürlicher Regelkreisläufe - zu
einer Norm scheint auch deshalb bedenklich, weil es die Vorstellung impliziert, Natur sei objektiv zu erfassen. Denn auch
die Beschreibung oder Erklärung der Natur ist immer subjektiv;
je nachdem, aus welcher theoretischen Sicht der Zugang versucht
wird. Jede Theorie aber - auch die der Erklärung der Natur-
umfaßt jeweils nur einen bestimmten Ausschnitt aus einem komplexen System. Diese Erklärung kann nach dem derzeitigen Stand
des Wissens umso genauer sein, je kleiner der Ausschnitt ist.
Die Ökologie als Wissenschaft versucht zu beschreiben, was ist
und wie sich Systeme verändern, nicht aber, was sein soll. Daß
Ökosysteme in ihrer Vielfalt zu erhalten sind, ist aus der Ökologie selbst nicht herzuleiten, sondern nur aus gesetzten Normen in Form politischer Zielvorgaben (Finke, 1986, S. 129). Daß
diese Normen wiederum in starkem Maße von den herrschenden
Wertvortstellungen bestimmt werden, bedarf keiner zusätzlichen
Erläuterung.

Die Forderung, daß sich die gesellschaftliche Ordnung den bisher bekannten Naturgesetzen anzupassen oder gar unterzuordnen habe, wird auch als Biologismus beschrieben. Es hat in seiner Ausformung als Sozialdarwinismus und der Rassenbiologie seine schreckliche Implementation in der NS-Ideologie gefunden.

Wenn also generell Bedenken dagegen bestehen, normative ökologische Zielvorgaben oder Leitbilder zu formulieren, so sagt das noch nichts über das Erfordernis aus, bestimmte Erkenntnisse oder Grundregeln aus der Ökosystemforschung auch bei der räumlichen Planung anzuwenden bzw. zu berücksichtigen. Vester/von Hesler (1976, S. 241) nennen sieben biokybernetische Grundregln, die auch für die Raumplanung bedeutsam sein können:

1. Negative Rückkopplung
2. Unabhängigkeit von Wachstum
3. Unabhängigkeit vom Produkt
4. Das Prinzip des Jui-Jitsu (Einsatz bereits existierender Kräfte und Energie und deren Steuerung und Umlenkung)
5. Mehrfachnutzung
6. Recycling
7. Symbiose

Die 8. Forderung, als biologisches Grunddesign bezeichnet, lautet:

"Jedes Produkt, jede Funktion und Organisation sollte mit der Biologie des Menschen und der Natur vereinbar sein. Dies ist nicht nur eine ökologische, sondern immer mehr auch eine ökonomische Forderung."

Es fällt auf, daß einige dieser Grundregeln bereits derzeit partiell von der Raumplanung beachtet oder angewandt werden, z.B. das Jiu-Jitsu-Prinzip: die Raumplanung hat im Regelfall immer versucht, bestimmte räumliche Veränderungsprozesse im Sinne des Leitbildes zu steuern, also vom Leitbild abweichende Veränderungen zu bremsen oder zu verhindern, die Realisierung des Leitbildes unterstützende Vorgänge zu fördern. Oder: die

Mehrfachnutzung. W.Haber (1979) hat sein Schachbrettmodell zur Landnutzung in Anlehnung an solche Regeln formuliert.

Gleichwohl: einige dieser Regeln verdienten durchaus - auch vor dem Hintergrund veränderter Werte - neu in die Raumplanung eingeführt zu werden.

Wenn auch gegen den Gesamtansatz von Vester Bedenken deswegen vorgebracht werden müssen, weil er impliziert
- daß sich Gesellschaftssysteme bei hinreichenden Informationen vom Prinzip selbst steuern können und
- auch darwinistische Ableitungen möglich sind,
so könnten durch eine Reihe von Einzelaspekten dieser biokybernetischen Erkenntisse in großem Umfang auf die Raumplanung übertragen werden. Und zwar nicht so sehr im wertebestimmenden Teil der Raumplanung, wohl aber in jenen Bereichen der Planungsverfahren und -abläufe. Dabei kommt dem Vernetzungsaspekt der Systeme und den Kreislaufgedanken besondere Bedeutung zu.

Wie schon an anderer Stelle dargestellt, wird Raumplanung als offenes System verstanden. Die Endlichkeit natürlicher Ressourcen und die partielle Übernutzung (Beispiel: Luftverschmutzung/Smog) zwingt dazu, Raumplanung von diesen Grenzen her zu begreifen. Ein Ansatz dazu könnte die ökologisch/gesellschaftliche Bilanzierung sein. Produktionssysteme oder Konsumtionssysteme werden aus dem Blickwinkel ökologischer Kreisläufe analysiert, Engpässe (z.B. Verschwendung und Vergeudung von Ressourcen und Energie) werden ermittelt und daraus lassen sich Strategien für deren Reduzierung und Verminderung ableiten. Aber über die Analyse von ökologischen Kreisläufen eine Theorie der Gesellschaft oder ihres Umganges mit der Natur der allgemeine Normen "objektiv" ableiten zu wollen, wie das bisweilen versucht wird, erscheint fragwürdig. Reiche hat m.E. zutreffend einige der Argumente gegen solche Versuche knapp dargestellt (S. 55 ff.)

Das kann aber nicht heißen, daß die Raumplanung künftig auf die
Analyse von Stoff- und Energiebilanzen verzichten soll. Im Ge-
genteil: Sie müssen in der räumlichen Planung eine zentrale
Bedeutung erlangen. Die Ergebnisse sollten mindestens das glei-
che Gewicht (bei der Abwägung konkurrierender Ansprüche an den
Raum und die Umwelt) haben, wie Ergebnisse ökonomischer Kreis-
laufanalysen (z.B. die der volkswirtschaftlichen Gesamtrechnung). Nicht die Priorität der ökologischen Kreisläufe soll im
Hinblick auf eine Fortentwicklung raumplanerischen Denkens und
Handelns postuliert werden, sondern eine Gegenüberstellung der
Ergebnisse stofflich-energetischer Analysen und Bilanzen mit
denen ökonomischer Analysen (auf den verschiedenen Entschei-
dungsebenen), um sodann eine "gerechte" Abwägung zu erreichen,
wobei die Besonderheiten und Unterschiede zwischen beiden Systemen zu berücksichtigen sind (Irreversibilität bestimmter
ökologischer Prozesse, unterschiedlicher Fristen usw.).

Dabei ist nicht zu übersehen, daß solche Bilanzierungen von
Stoff- und Energiekreisläufen auf der betrieblichen Ebene und
in Einzelfällen auch für Regionen schon seit längerer Zeit versucht werden und insofern eine Anpassung ökonomischer Sachverhalte an Kreislaufüberlegungen durchaus im Gange ist.
Verwiesen wird auf
- Input-Output-Modelle
  (vgl. beispielhaft Leontief, 1970; Ayres, 1972; Bower/Kneese,
  1972)
- Indikationsmodelle
  (Thoss, 1973; Gehrmann, 1982)
- Material- und Energiebilanzen
  (sie wurden besonders in der (Chemie-)Verfahrenstechnik erprobt (Kruse, 1974; Müller-Wenk, 1978)

Kreislaufüberlegungen finden also zunehmend Eingang in betrieb-
liche Überlegungen; sie wurden induziert durch die Energiever-
knappung, die Entsorgungsproblematik, die Chemieverfahrenstech-
nik und auch durch allgemeine systemtheoretische Überlegungen.

Ihre Einführung in die raumplanerische Praxis könnte einen wesentlichen (administrativen) Anstoß erhalten, wenn bei der durch die EG-Richtlinie vorgegebene Mindestanforderungen die ökologisch-energetische Bilanzierung eine Voraussetzung für die Durchführung der UVP wird. Das Gleiche gilt dann für das Raumordnungsverfahren, wenn dies, wie diskutiert, eine erste Stufe der UVP wird.

Gleichwohl wäre dies nur ein partieller, weil jeweils objektbezogener, Ansatz. Wichtig wäre, die Ergebnisse solcher Bilanzierungen auch bei der Fortschreibung von Programmen und Plänen der Raumordnung einzuführen und den Ergebnissen solcher Analysen und (ex ante) Prognosen bei der Zielformulierung in konkreten Programmen und Plänen mindestens den gleichen Stellenwert einzuräumen wie anderen Belangen.

Im Zusammenhang mit der Wertewandelproblematik ist von der Annahme auszugehen, daß zwar die Erhaltung und Wiederherstellung von ökologischen Kreisläufen in der Wertschätzung durch die Bevölkerung einen hohen Stellenwert erhalten hat (also überhaupt ein Thema in der Diskussion geworden ist). Dessenungeachtet gibt es auch bei einer nicht mehr nur anthropozentrischen Betrachtungsweise der Natur keine plausiblen Argumente dafür, Kreisläufe als allgemeine Normen gesellschaftlichen und raumplanerischen - Handelns (mit der Folge der Unterordnung gesellschaftlicher Tätigkeiten unter diese) zu bestimmen.

5.4 Wandlungen im Freiheitsbegriff in der Raumplanung

Oberziel der Raumplanung in der Bundesrepublik ist die freie Entfaltung der Persönlichkeit in der Gemeinschaft (§ 1 Abs. 1 ROG). Diese Norm war bei den Beratungen zum ROG nicht umstritten. Sie ist aus den Grundwerten der verfassungsmäßigen Ordnung abgeleitet und geht von der Unantastbarkeit der Würde des Menschen aus, die ihrerseits wiederum vornehmlich in der freien

Entfaltung einer Persönlichkeit besteht. Die Raumordnung soll dazu die räumlichen Voraussetzungen sichern bzw. herstellen.

Gleichwohl war dieser Freiheitsbegriff bereits im SARO-Gutachten in starkem Maße auf wirtschaftlich und sozial determinierte Abhängigkeiten bezogen (vgl. Abschnitt 4). Diese wirtschaftlichen Abhängigkeiten aus der Sicht des SARO-Gutachtens haben sich im Verlauf der letzten 30 Jahre für einen großen Teil der Bevölkerung infolge der allgemeinen Wohlstandsteigerungen verringert und für einen Teil der Bevölkerung verschärft (rd. 2,5 Mio. Erwerbslose). Das Ausmaß an Inanspruchnahmemöglichkeiten von Freiheitsrechten ist also -soweit es die ökonomische Dimension anbetrifft - innerhalb der Gesellschaft disparitärer geworden. Dieser Prozeß ist von den Möglichkeiten der Raumplanung her nur in begrenztem Maße beeinflußbar.

Dessenungeachtet sind im Zuge der gesellschaftlichen und ökonomischen Entwicklung seit Erlaß des ROG einige auch durch die Raumplanung beeinflußbare Freiheitsspielräume verbreitert worden (z.B. einfachere Möglichkeit zur Überwindung von Entfernungen, Freizeit); andererseits haben sich neue Grenzen ergeben, die die Entfaltungsmöglichkeiten des Einzelnen und auch von Gruppen maßgeblich einschränken. Einige Beispiele seien erwähnt:
- die zunehmende Festlegung von Gebieten mit besonderer Vorrangfunktion (Naturschutzgebiete, Wasserschutzgebiete, Schutzbereiche bei militärischen Anlagen u.a.), die "Privatisierung" von landschaftlich besonders schönen Gebietsteilen wie z.B. Seeufer, Berge durch Private und Verbände durch Zweitwohnungen und Anlagen schränken die freie Entfaltungsmöglichkeit im Raum ein; es werden immer mehr (z.T. unsichtbare) Zäune durch den Raum gezogen, die zu bestimmten Isolations- oder Ghettosituationen führen;
- die Luftverunreinigungen mit öfteren Grenzsituationen (Smog) führen dazu, daß bestimmte Bevölkerungsgruppen sich an bestimmten Tagen nicht mehr frei bewegen können;

- die Gewässerverunreinigungen führen dazu, daß dieses freie Gut Wasser nicht mehr menschlichen Bedürfnissen entsprechend genutzt werden kann (Trinkwasser, Erholung, Brauchwasser für die gewerbliche Nutzung); aufwendige Substitutionslösungen sind erforderlich (zentrale Wasseraufbereitungssysteme, Urlaub am indischen Ozean u.a.);

- die Zerschneidung von Räumen (Versogrungstrassen, Verkehrswege mit z.T. unüberwindbaren Barrieren) und deren Verlärmung vermindern die Entfaltungsmöglichkeiten von Einzelnen und von Gruppen in den Siedlungen, aber auch in sogenannten freien Räumen;

- Geschwindigkeitsbegrenzungen im Straßenverkehr;

- die Nutzungsbeschränkungen durch radioaktive Verstrahlung u.a.

Auch diese neuen Restriktionen betreffen die Bevölkerung nicht in gleicher Weise. Die unteren Einkommens- und Sozialschichten sind ihnen stärker ausgesetzt als jene mit hohem Einkommen und größerer beruflicher Unabhängigkeit. Sie können z.B. ihren Wohn- und Arbeitsort an solche Standorte verlegen, wo diese Restriktionen weniger wirksam sind (oder verlassen Smoggebiete während der Zeiten des Smogs und legen einen Zwischenurlaub am Mittelmeer ein).

Diese neuen Einschränkungen oder partiellen Begrenzungen der Entfaltungsmöglichkeiten, die fast alle nicht mittelbar von der Raumordnungspolitik beeinflußbar sind, werden dennoch auch von ihr bedacht müssen. Sie sind eine Folge der gesellschaftlichen und technologischen Entwicklungen. Zugleich muß berücksichtigt werden, daß diese "neuen Beschränkungen" infolge veränderter Wertmaßstäbe für viele Menschen, insbesonde jenen Generationen, die in ihrer Jugend immer nur eine permanente Erweiterung ihrer Gestaltungsmöglichkeiten erfahren haben und selten an Grenzen gestoßen sind, besonders einengend wirken. Da der Freiheitsbegriff sinnvoll immer nur im Verhältnis zu den jeweiligen gesellschaftlichen Bedingungen definiert werden kann, (oberhalb bestimmter "Mindesstandarts"), ergibt sich die Notwendigkeit, auch insgesamt zu überprüfen, ob und inwieweit die Verschriften des § 1 Abs. 1 ROG heute noch so Bestand haben können?

Zweifel werden darüberhinausgehend auch deswegen angemeldet, weil in diesem Entfaltungspostulat zwar die der Kollektivinteressen genannt werden ("die der freien Entfaltung der Persönlichkeit in der Gemeinschaft am besten dient" (§ 1 Abs. 1 ROG)), die ethische Dimension aber in gleicher Weise ausgeblendet bleibt wie die Vorsorge für künftige Generationen.

M. Lendi und H. Elsasser (1986) beschreiben die Problematik für die Schweiz wie folgt:

> "Während noch in den vergangenen Jahrzehnten der Aufbruch nach neuen Horizonten dominierte und die Entdeckerfreude der Überwindung von Erkenntnisgrenzen galt, stehen wir heute vor der neuen Verpflichtung, Grenzen zu beschreiben und als Restriktionen beschreiben zu müssen - ein Lernprozeß." (S. 2)

> "Wenn wir an Grenzen und auf Grenzen zu leben, dann stellt sich die Frage, ob wir noch über die Freiheit des Entscheidens und Handelns verfügen oder von den Grenzen her festgelegt werden." (S. 3)

> "Andererseits wissen wir, daß wir Einstellungen und Verhalten ändern könnten, würden wir uns aufraffen. Vor allem aber müssen wir uns eingestehen, wie sehr unser heutiges Verhalten die zukünftigen Lebensbedingungen prägt. Daraus darf der Schluß auf ein gehöriges Maß an anvertrauter Entscheidungsfreiheit gezogen werden. Ist diese aber vorgegeben, dann geht es wohl in der Auseinandersetzung mit den möglichen Grenzen darum, verantwortungsvoll Gebrauch zu machen. In Frage steht die ethische Dimension des Umganges mit dem Lebensraum... " (S. 3)

Zusammenfassend läßt sich feststellen, daß die Institutionen der Raumforschung und Raumplanung die Wertewandeldiskussion und den Wertewandel - der offensichtlich nicht nur als eine modische Strömung einzuschätzen ist - seit den 60er Jahren weitgehend ausgeblendet haben und im wesentlichen noch von Wertvorstellungen ausgehen, die in jenen Jahren manifest waren. Da die Raumnutzung stets ein gesellschaftlicher Vorgang ist, der auch durch die gesellschaftliche Machtverteilung, durch Tradition und Verhaltensweisen bestimmt wird, die nicht immer nur mit ökonomisch rationalem Verhalten erklärt und begründet werden

können, erscheint eine Überprüfung der bisherigen für die Raumplanung gängigen Werte auf ihre Aktualität (vor allem im Hinblick auf die Zukunft betreffende Entscheidungen) und Akzeptanz
logisch und erforderlich.

Storbeck (1982) stellt fest, daß Werthaltungen auf mannigfal-
tige Art beeinflußbar seien." Ein aktuelles Beispiel ist die
rasche Verbreitung einer positiven Einstellung zum Schutz der
natürlichen Umwelt im letzten Jahrzehnt. Hier kann die Raumplanung traditionell oder ideologisch begründete Werthaltungen
aufbrechen, Fehleinschätzungen korrigieren und vorherrschende
Orientierungen durch die Vorstellung alternativer Leitbilder
oder Verhaltensmaßstäbe in die Diskussion ziehen und so die
Bewußtseinslage beeinflussen". (S. 12)

Storbeck übersieht dabei, daß die Raumplanung selbst erst einmal traditionelle und ideologisch begründete Werthaltungen für
sich selbst überprüfen und verändern muß, ehe sie bewußtseins-
verändernd wirken kann. Dieser Aufgabe müssen sich die Institutionen der Raumplanung erst noch stellen.

6. Vorschläge zur Fortentwicklung der Raumordnungspolitik

6.1 Allgemeine Hinweise

Die nachfolgenden Vorschläge unterstellen, daß das räumliche Planungssystem in der Bundesrepublik Deutschland vom Prinzip aus bestehen bleibt und auch die Rahmenkompetenz des Bundes (Art. 75 Abs. 4 GG) de jure keine Änderungen erfährt.

Gleichwohl vollziehen sich in der Praxis Änderungen in mannigfaltiger Weise: Einmal ist durch die Zunahme des politischen Gewichts der EG eine partielle Kompetenzverlagerung nach "oben" feststellbar, die sich nicht in so starkem Maße in rechtlicher Hinsicht manifestiert, wohl aber in finanzieller und auch in praktischer Hinsicht. Beispiele sind die EG-Umweltpolitik (Grenzwerte, EG-Richtlinien über die UVP u.a.) oder die EG Regional- und Sozialpolitik oder die europaweit (oder weltweit) operierenden Großunternehmen (und Verbände).

Zum anderen ist im Verhältnis zu den Zeiten, als das ROG 1965 erlassen wurde, eine beachtliche Veränderung bei den Kommunen und Kommunalverbänden eingetreten. In den 60er Jahren gab es in der Bundesrepublik noch rd. 24.000 Gemeinden mit völlig unzureichender "planerischer Infrastruktur"; jetzt gibt es noch rd. 9.000 Gemeinden mit vergleichsweise guter Planungsinfrastruktur. Das Instrument der Planung ist in den meisten Gemeinden über die Bauleitplanung, aber auch über staatlichen Fachplanungen, die sich zwischenzeitlich etabliert haben, eingeführt. Und die Institution der Regionalplanung ist in den 8 Flächenländern vorwiegend nach 1965 etabliert werden; sie arbeitet mehr oder minder erfolgreich. (Weitere institutionelle Änderungen stehen bei Inkrafttreten des Baugesetzbuches in Aussicht; vor allem dann, wenn die Planungsverpflichtungen für Gemeinden gelockert wird).

Schließlich ist durch den Erlaß der Landesplanungsgesetze in den Flächenstaaten die institutionelle Infrastruktur für die Raumordnung auf der Landesebene geschaffen oder ergänzt worden, Landesentwicklungspläne und -programme (Landesraumordnungsprogramme) wurden erarbeitet, eine Vielzahl von landesrechtlichen ergänzenden Vorschriften wurden erlassen und Landes- und Regionalplanung sind in starkem Maße verrechtlicht.

Wenn auch die institutionellen und rechtlichen Aspekte der Fortentwicklung der Raumordnungspolitik nicht Gegenstand dieser Untersuchung sind, so soll mit den kursorischen Hinweisen auf die seit 1965 eingetretenen institutionellen Veränderungen lediglich daran erinnert werden, daß der Gesetzgeber in den 60er Jahren zunächst andere Schwerpunkte im Rahmen des Gesetzgebungsverfahrens zu lösen hatte: nämlich die (bundes)gesetzgeberische "Erschließung des Neulandes" räumliche Planung. Neuland auch insofern, weil die reichsgesetzlichen Regelungen von 1935 im 3. Reich wesentlich andere Zielsetzungen verfolgten (vgl. neuerdings Umlauf, 1986). Dies aber auch deshalb, weil Vorschläge zur Änderung materieller Vorschriften zweckmäßigerweise nur im Zusammenhang mit den allgemeinen gesellschaftlichen, politischen, rechtlichen und instrumentellen Rahmenbedingunen gesehen werden können.

Einschränkend muß weiter festgestellt werden, daß sich die nachfolgenden Vorschläge vornehmlich auf die Ebene der Raumplanung des Bundes beziehen. Eine detaillierte ergänzende Analyse der Situation in den 11 Bundesländern ist erforderlich; sie kann hier aber nicht geleistet werden. Da aber eine rahmengesetzliche Regelung des Bundes auch unmittelbare Auswirkungen auf die Landes- und Regionalplanung haben wird, erscheint diese Analyse erforderlich. Dies auch deshalb, weil sich die Landes- und Regionalplanung in den Ländern in sehr unterschiedlicher Weise fortentwickelt hat, die Anlaß zu der Frage gibt, ob die bisherige rahmenrechtliche Regelung nicht hinreichend konkret oder nicht den Vorgaben des Gesetzgebers entsprechend ausgefüllt wurde? Auch im Hinblick auf die Ausfüllung des § 8 ROG, der eine gemeinsame Beratung von Grundsatz- und Zweifelsfragen der Raumplanung zwischen Bund und Ländern vorsieht. Allerdings, der Bund oder andere Länder haben de facto vom Prinzip her keinerlei Sanktionsmöglichkeiten gegen solche Länder, die von den Ergebnissen der gemeinsamen Beratungen oder spezifischen raumplanerischen Entscheidungen des Bundes abweichen.

Wenn also im Nachfolgenden von der Annahme ausgegangen wird, daß der institutionelle Rahmen der Raumplanung in der Bundesrepublik auch bei einer Fortentwicklung vom Prinzip her für zukünftige Problemlösungen tragfähig ist, so wird gleichzeitig unterstellt, daß der Bund seine Rahmenkompetenz besser ausschöpft als bisher. Das hat er nachweislich in den letzten Jahren nicht getan. Weder hat er die im § 4 Abs. 1 ROG geforderte zusammenfassende, großräumige Darstellung vorgelegt noch hat er z.B. die in der Denkschrift der MKRO 1972 "Raumordnung und Umweltschutz" formulierten Grundsatzaussagen zu dem Problembereich "Raumordnung und Umweltschutz" operationalisiert und auf seiner Entscheidungsebene implementiert. Auch hat er seine Koordinierungsfunktion nach § 4 Abs. 1 ROG nur sehr restriktiv ausgeübt.

Da es nicht Aufgabe dieses Gutachtens sein soll, die Raumordnungspolitik des Bundes zu evaluieren, soll mit diesen Beispielen lediglich verdeutlicht werden, daß neben der Fortentwicklung der inhaltlichen Zielsetzungen auch eine aktivere politische und administrative Implementation des Rahmengesetzes dann dringlich erscheint, wenn die Aufgabe der Raumplanung in den 90er Jahren beim Bund noch Bestand haben soll.

Zugleich müßte aber auch von Seiten der Länder ein neues Verständnis für die Aufgabenstellung der Bundesraumordnung entwickelt werden, das bei Anerkennung des im GG angelegten Spannungsverhältnisses in diesem Bereich und auch bei Anerkennung des Sachverhaltes unterschiedlicher politischer Mehrheiten beim

Bund und bei den Ländern den gemeinsamen Interessen - der Ordnung des Gesamtraumes - einen höheren Stellenwert als bisher einräumt. Die Diskussionen und Verhandlungen zwischen Bund und Ländern über die Aufstellung des BROP von 1969 - 1975 sind ein beredtes Beispiel dafür, wie durch Beharren auf diffizilen Länder- und Partikularinteressen ursprünglich Ansätze auch zur Fortentwicklung raumplanerischer Werte oder des Leitbildes schließlich im Wege der erforderlichen Konsensbildung so "ausgedünnt" und verallgemeinert wurden, daß das endgültige Programm (1975) auf dem status-quo der Machtverteilung anlangte und fast alle innovatorischen Elemente im Wege der Kompromißbildung verlor.

Daß diese von einigen Ländern mit verfolgte Ahbsicht, die Rahmenkompetenzausfüllung des Bundes zu erschweren, letztlich auch für die Raumordnung in den meisten Ländern zu einer Abnahme des politischen Stellenwertes führte, mag eine - sicher nicht die alleinige - Ursache in der konzeptionellen und institutionellen Schwäche der Bundesraumordnung haben. Es wird deshalb von der Hypothese ausgegangen, daß eine bessere Ausschöpfung der Rahmenkompetenz des Bundes für die Raumordnung letztlich auch zu einer verbesserten Durchsetzungsfähigkeit der Landes- und Regionalplanung führen kann.

Die Grundsätze des § 2 Abs. 1 ROG (Angleichung der wirtschaftlichen Leistungsfähigkeit von schwach entwickelten Regionen an den Bundesdurchschnitt. Verbesserung der Umweltqualität, vorsorgende Sicherung von Natur und Landschaft usw.) konnten nicht oder nur partiell erfüllt werden; eine Realisierung des Leitbildes der Raumordnung liegt nach wie vor in weiter Ferne.

Es stellt sich allerdings heute die Frage, ob die heutigen und zukünftigen Aufgaben, die auch durch den Wertewandel neu zu beschreiben sind und die nur teilweise als Probleme in den 50er und 60er Jahren erkannt und definiert werden konnten, mit eben den damals formulierten Zielen, den seinerzeit entwickelten In-

strumenten (und auch Methoden der Raumplanung) zu lösen und
maßgebliche Beiträge für die Zukunft zu erbringen vermögen?
Zugleich ist darauf zu verweisen, daß eine Reihe von Aufgaben
der 50er und 60er Jahre sich so nicht mehr stellen, in ihrer
politischen und tatsächlichen Bedeutung zurückgegangen sind und
für die eine in die Zukunft reichende normative Lösung entbehrlich sein können (z.B. der Ausbau von Entlastungsorten).

Darüber hinaus ist zu prüfen, ob das Planungsverständnis zur
räumlichen Planung insgesamt, das insbesondere durch die zentrale Bedeutung von finalen Plänen und Programmen gekennzeich-
net ist, zu ändern ist, weil sich in den letzten 20 Jahren in
der Praxis erwiesen hat, daß langfristige gesellschaftliche
zentral organisierte Planungen in marktwirtschaftlichen Systemen (9) offensichtlich nur einen sehr begrenzten Beitag zur
Lösung der aktuellen und vorhersehbaren gesellschaftlichen Konflikte zu leisten vermochten. Die Gründe hierfür liegen in der
Langwierigkeit des Aufstellungs- (und Fortschreibungs-)prozes-
ses (meist mit veralteten Daten), der nach wie vor begrenzten
Voraussehbarkeit gesellschaftlicher und ökonomischer Prozesse
(Wertewandel, Energiekrise, außenwirtschaftliche Veränderungen
u.dgl.), die offensichtlich geringer werdende Konsensfähigkeit
in bestimmten Bereichen mit der Tendenz, diese durch Ausklam-
merung zu verdrängen und auch der berechtigten Scheu der politisch Verantwortlichen, langfristig verbindliche Festlegungen
zu treffen (die über Zeithorizonte von Wahlperioden hinausgehen), weil dann möglicherweise ein Wählerklientel betroffen
wird, das mehrheitsentscheidend sein kann (Beispiel: keine
langfristig tragfähigen und ökonomisch, sozial und ökologisch
vertretbaren Konzeptionen in der Agrar- oder Verkehrspolitik).
Deshalb werden im Regelfall nur relativ kurzfristig angelegte
Problemlösungsstrategien "scheibchenweise" implementiert, die

---

9 Aber nicht nur dort ist ein Umdenken im Gange, sondern
auch in den zentralistisch und planwirtschaftlich orga-
nisierten Ländern des Ostblocks, in denen die starren
verbindlichen Planungen zunehmend durch dezentrale Entscheidungsstrukturen abgelöst werden sollen.

langfristig und umfassend angelegten Pläne und Programme haben
ihre ursprüngliche Bedeutung verloren, weil sie kaum Entscheidungshilfen für aktuelle Fragestellungen zu leisten vermögen
(sie sind als Ergebnis von Kompromissen zu allgemein, die "Ma-
schenweite" ist zu groß und sie sind z.T. überholt, weil sich
mittlerweile konkrete Zielsetzungen verändert haben). Und das
ROG bezeichnet als zentrales Instrument der Raumordnung den
Plan oder das Programm bei den Ländern (§ 5 Abs. 1, § 3 Abs. 2
ROG).

Aus dem zuvor Dargestellten wird deutlich, daß das in den 50er
und 60er Jahren formulierte "Leitbild der Raumordnung" für den
Rest des Jahrhunderts eine sinnvolle Funktion aus inhaltlichen
Gründen offensichtlich nicht mehr zu erfüllen vermag. Eine Neuformulierung ist also erforderlich.

Diese Aufgabe steht aber vor dem Dilemma, daß ein bundesweit
geltendes Leitbild wegen der spezifischen Probleme in den Teilräumen entweder so allgemein und verbal formuliert werden müßte, daß darunter alle Konzeptionen subsumiert werden könnten
([10]), oder dieses Leitbild müßte so differenziert und konkret
sein, daß es einem Bundesplan entspräche. Und wer stellt dieses
konkrete Leitbild dann auf?

Das Ausmaß der Konkretisierung eines raumordnerischen Leitbildes ist nicht zuletzt unter dem Aspekt der verfassungsrechtlichen Situation zu sehen; in einem Bundesrahmengesetz (nach
Art. 75, Abs. 4 GG) können keine konkreten planerischen Ziele,
die Angaben für Teilräume enthalten, normiert werden. Dabei ist
freilich zu bedenken, daß die verfassungsrechtlich gebotenen

---

[10] Dies war bereits im SARO-Gutachten und in den §§ 1 und
2 ROG in gleicher Weise ein Problem; man glaubte jedoch
seinerzeit, das durch die Typisierung bestimmter Raumkategorien lösen zu können und unterstellte somit, daß
die raumordnerischen Probleme in ländlichen Gebieten
Schleswig-Holsteins die Gleichen sind wie in Nieder-
bayern.

Grenzen der Konkretisierung von Zielen und Grundsätzen im ROG
noch keinesfalls hinreichend genau bestimmt waren (vgl. Hübler,
Scharmer et al., 1980). Dies sollte ja ursprünglich mit dem
BROP erfolgen; dieses Ziel wurde jedoch nicht erreicht.

Dessenungeachtet steht einer Konkretisierung eines Leitbildes
der Raumordnung offensichtlich auch die Tatsache entgegen, daß
in der Wertewandeldiskussion, aber auch in der allgemeinen Politik, dezentrale Entscheidungsstrukturen einen höheren Stellenwert erhalten sollen. Dem widerspricht wiederum, daß z.B. in
der Umweltpolitik die Forderungen nach bundeseinheitlichen Lösungen (Grenzwerte für den Strahlenschutz nach Tschernobyl,
Kritik an den unterschiedlichen Smogverordnungen u.a.) erhoben
werden und auch in der Wirtschaft und Gesellschaft Zentralisa-
tionsprozesse im Gange sind, die zu "Machtungleichgewichten"
zwischen großen Konzernen (deren Entscheidungszentralen in New
York oder Paris sitzen) und Gemeinden oder Regionen führen.
Dezentrale Leitbilder, also auf der Ebene von Ländern oder Regionen normiert, hätten wiederum die Nachteile,
- daß das offensichtlich unbestrittene und zumindest verbal als
  optimale Lösung bezeichnete Gegenstromprinzip des § 1 Abs. 3
  ROG in Frage gestellt würde, weil die Ordnungsvorstellungen
  für den größeren Raum nicht mehr definiert sind und
- daß eine Ausrichtung der sektoralen Politik (z.B. Verkehrspolitik, Agrarpolitik, regionale Wirtschaftspolitik), aber
  auch der supranationalen Politik, auf räumliche Erfordernisse noch weniger möglich wäre, als es derzeit der Fall ist,
  weil es handhabbare Ziele der Raumordnung, die z.B. die "Meß-
  latte" für die Prüfung der Raumverträglichkeit von Haushalts-
  plänen oder sontigen Fachprogrammen sein könnten, nicht mehr
  gäbe.

Eine beinahe unübersehbare Sachkonstellation und Verkettung von
jeweils plausiblen Argumenten, die in der Tat die eingangs zitierten Aussagen amtlicher Raumplaner erklären können. Doch
alles beim Alten lassen zu wollen, würde den Stellenwert der

räumlichen Planung, der Mitte der sechziger Jahre und anfangs
der siebziger Jahre sehr hochgeschraubt wurde und sodann permanent reduziert werden mußte, noch weiter verringern; es könnte
eines Tages die Frage gestellt werden, ob diese aufwendigen
Aufgaben und Institutionen der Raumplanung noch erforderlich
sind oder ob sie durch andere Konstellationen besser zu erledi-
gen sind (z.B. durch eine sich möglicherweise etablierende Umweltplanung)?

Wenn hier von der Hypothese ausgegangen wird, daß Raumordnungspolitik (Raumplanung) auf den verschiedenen Ebenen auch zukünf-
tig erforderlich wird, so werden die folgenden Argumente dafür
vorgebracht:

1. Die auf Wachstum von Bevölkerung und Wirtschaft angelegten
    Raum- und Siedlungsstrukturen werden in den neunziger Jah-
    ren nur noch bedingt funktionsfähig bleiben,
    - weil in den vielen Regionen Bevölkerungs- und Arbeits-
      platzabnahmen voraussehbar sind und auch der Bereich der
      gewerblichen Wirtschaft vor entscheidenden Strukturänder-
      ungen steht oder diese schon im Gange sind,
    - weil Änderungen in der Flächennutzung (Agrarpolitik,
      Waldsterben, flächenintensive Freizeit- und Sportnutzung,
      zunehmenden Restriktionen durch Natur- und Trinkwasser-
      und Bodenschutz) in einem Ausmaß zu erwarten sind, die
      die seitherigen Anpassungsprozesse weit übersteigen mit
      der Folge, daß andere Anforderungen und Bedingungen an
      die Raumstruktur zu stellen sind;
    - weil in vielen Bereichen der Raumnutzung Grenzen erreicht
      oder überschritten sind und insbesondere Synergismen zum
      immer größeren Problem werden.

    Fortgeschriebene Konzeptionen, die zu einer noch stärkeren
    Koordinierung der Interventionen der öffentlichen Hand,
    insbesondere unter dem Aspekt der Erhaltung und Sicherung

(statt Entwicklung) führen müssen, sind deshalb nach wie vor unumgänglich.

2. Die gleiche Aussage gilt vom Prinzip her auch für die Mehrzahl der von der öffentlichen Hand bereitzustellenden Infrastruktursysteme. Ihr Ausbau ist vielfach unter den o.g. Wachstumsprämissen geplant, die kostenmäßigen und ökologischen Folgewirkungen wurden in der Planungs- und Ausbauzeit anders als derzeit bewertet; Umbaumaßnahmen mit Anpassungen an mögliche verringerte Nachfrage u.dgl. sind erforderlich. Dies betrifft zum Beispiel auch die durch die Wertewandeldiskussion in starkem Maße geforderte Dezentralisierung von Infrastruktureinrichtungen und die Rückkehr zu einfacheren Lösungen, z.B. bei der Wasserversorgung und Abwasserreinigung, bei der Müllbeseitigung, im Bildungswesen, in der Verwaltungsstruktur u.a., weil sich gezeigt hat, daß die früher in starkem Maße aus Gründen der ökonomischen Effizienz geplanten und gebauten Einrichtungen eine Vielzahl negativer ökologischer und sozialer Wirkungen haben und zudem bei vielen Einrichtungen auch die ökonomische Effizienz dann in Frage zu stellen ist, wenn die negativen Folgewirkungen internalisiert werden.

3. Schließlich gibt es ein institutionelles Argument: Die Institutionen der Raumplanung in den Ländern sind die einzige staatliche Einrichtung, die flächendeckend alle räumlich relevanten Sachverhalte umfassenden staatlichen Interventionen koordinieren können; sie sind, wenn auch in den Ländern in sehr unterschiedlicher Weise, etabliert und hatten nach längerer Anlaufzeit aufgrund der rechtlichen Gegebenheiten die Möglichkeit, die o.g. Veränderungen soweit als möglich zu steuern. Sollten andere Institutionen ersatzweise die Aufgaben übernehmen (z.B. eine Umweltplanung oder "neue" ökologische Planung), würde es ebenso einer Anlaufzeit von 10 - 15 Jahren bedürfen, bis diese wirksam die o.g. Aufgaben übernehmen könnten. Die "Hülle" ist also

vorhanden, freilich bedarf es zur Erledigung dieser Aufgaben z.T. anderer Inhalte: Aber auch die Hülle, also die rechlichen Rahmenbedingungen, bedürfen der Überprüfung und Anpassung.

6.2 Vorschläge zur Novellierung des ROG

Wie in Kapitel 5 erläutert, erscheint eine Überprüfung und Fortentwicklung der Ziele und Grundsätze der Raumordnung (des Leitbildes) schon aus Gründen des eingetretenen und sich vollziehenden Wertewandels erforderlich.

Die folgenden Vorschläge werden im Wesentlichen mit diesem Wertewandel begründet, wenngleich in diese Vorschläge auch Überlegungen mit einfließen, die sich aus (punktuellen) Beobachtungen bisheriger Planungserfahrungen ergeben. Die Vorschläge bedürfen - und darauf sei ausdrücklich hingewiesen -auch noch der verfassungsrechtlichen und -politischen Überprüfung.

Zu § 1 ROG (Aufgaben und Ziele der Raumordnung)
Eine Erweiterung des § 1 Abs. 1 ROG um die Aufgabe "Erhaltung der natürlichen Lebensgrundlagen", wie es Hoppe (1986) vorschlägt, erscheint zu kurz gegriffen. Bei einer Fortentwicklung der Raumordnung geht es um mehr:

1. Es geht um Anerkennung von Grenzen (nicht im geographischen, sondern im physischen und biotischen Sinne), wie sie von Lendi/Elsasser (1986, vgl. Abschnitt 5) formuliert werden und innerhalb dieser sich die raumordnungspolitisch zu bewegen hat. Also die Abkehr von einem offenen System und die Hinwendung zu einem geschlossenen physischen Systemdenken. Dies hätte z.B. zur Folge, daß mit dieser Grundsatzdefinition die bereits erwähnte Ausgleichs- und Eingriffsregelung einen "Aufhänger" fände (die in einer Spezialvorschrift konkretisiert werden müsste) und zu-

gleich Ressourcenschutzkonzepte, wie sie z.B. G. Hartkopf fordert (1986), und die sich nicht nur auf den Raum oder die Fläche beziehen sollte, aus dieser Vorschrift abgeleitet werden könnten.

2. Die ethische Dimension des Raumes muß in diese Aufgabenbeschreibung aufgenommen werden. Also bestehende Raumstrukturen zu erhalten - und vor allem ihre konstituierenden Einzelmerkmale - auch als Selbstzweck und nicht nur aus Gründen der menschlichen Nutzung muß ein allgemeines Ziel der Raumordnungspolitik werden (vgl. dazu Jonas, 1979, G. Altner, 1985). In dem Zusammenhang wird zu prüfen sein, ob der jetzt in § 1 Abs. 1 enthaltene raumstrukturelle Entwicklungsbegriff ersetzt oder neu interpretiert werden muß (vgl. Abschnitt 5.2)?

3. Schließlich wird zu prüfen sein, ob das Freiheitspostulat, das in § 1 Abs. 1 ROG mit dem Begriff "der freien Entfaltung der Persönlichkeit in der Gemeinschaft" normiert ist, vor dem Hintergrund der in Abschnitten 4 und 5.4 beschriebenen "klassischen" Sichtweise (Freiheit vor allem ökonomisch verstanden) und ihren Veränderungen in der Folgezeit, insbesondere ihren neuen Einschränkungen, anders zu fassen ist? Die Freiheit müßte - auch für die Raumplanung - in stärkerem Maße als früher von den physischen Grenzen her zu definieren sein; zum anderen sollte aber die Raumordnungspolitik maßgebliche Beiträge dazu leisten, daß die im Abschnitt 5.4 skizzierten Einschränkungen verringert oder beseitigt werden.

4. Zu erwägen ist auch, ob die Zeitdimension bereits in der zentralen Vorschrift des ROG, in die Zieldefinition, mit aufgenommen werden soll. Diese Zeitdimension ist bisher an anderen Stellen des Gesetzes vor allem auf der Maßnahmenebene mit dem Terminus "langfristig" umschrieben (z.B. § 4 Abs. 1 ROG).
Bei Aufnahme einer entsprechenden Klausel in § 1 Abs. 1 ROG müßten die Institutionen der Raumplanung stärker als bisher auch die Zeitdimension in die Abwägung einbringen,

weil die Erfahrungen der Vergangenheit gezeigt haben, daß viele Entscheidungen in der Raumplanung, insbesondere hinsichtlich ihrer erwarteten positiven räumlichen Auswirkungen, relativ kurzfristig bilanziert, die oft negativen Nebenwirkungen aber, die eher langfristiger Natur sind, unzureichend berücksichtigt wurden.

5. Ferner wird zu überlegen sein, ob auch der Aspekt der Reversibilität von Prozessen und Entscheidungen künftig ein wichtiges Kriterium innerhalb raumplanerischer Konzeptionen sein muß. Und dies insbesondere wiederum aus Gründen
   - einer ethischen Dimension,
   - der Offenhaltung von Optionen für zukünftige Generationen und
   - der nach wie vor begrenzten Erkenntnismöglichkeiten über die Zukunft.

Während die Vorschläge zu 1 bis 3 nach Auffassung des Verfassers unbedingt in den Zielkatalog des § 1 Abs. 1 ROG aufgenommen werden sollten, könnten die Vorschläge zu Ziff. 4 und 5 ersatzweise, wenn z.B. rechtssystematische Gründe dafür sprechen, gegebenenfalls auch in die Abwängungsklausel (derzeit § 2 Abs. 2 ROG) aufgenommen werden. Besser wäre jedoch ihre Aufnahme in den § 1 Abs. 1 ROG, weil damit auch die inneren Zusammenhänge zu den Vorschlägen zu den Ziff. 1 - 3 deutlich werden.

Ein neuer § 1 Abs. 1 ROG sollte also die Ziele der Raumordnung definieren
- mit einem neuen Freiheitsbegriff,
- mit den physischen Systemgrenzen,
- mit den wirtschaftlichen, sozialen und kulturellen Anforderungen,
- mit der ethischen Verantwortung für die Raum- und Siedlungsstruktur und ihrer Bestandteile
sowie der Bedingung der Reversibilität von Veränderungen und der Berücksichtigung der langfristigen Zeitdimension.

Es wird von der begründeten Vermutung ausgegangen, daß eine solche Aufgabenbeschreibung in etwa dem Stand des Bewußtseins in der Bundesrepublik entspricht und auch von einer Mehrheit der Bevölkerung akzeptiert werden könnte.

Zunächst eher instrumentelle Bedeutung, aber im Hinblick auf die Wertewandeldiskussion auch inhaltliche Funktionen haben die Vorschriften des § 1 Abs. 4 (Gegenstromprinzip). Diese Vorschriften scheinen sich cum grano salis bewährt zu haben, wenngleich in einigen Bundesländern durchaus zentralistische Tendenzen in der Raumplanung nicht zu verkennen sind, die sich insbesondere in der Aufgabenzuteilung und Institutionalisierung der Regionalplanung (und ihrer Stellung dem Land gegenüber) manifestieren. Das Gegenstromprinzip sollte aber auch uneingeschränkt im Verhältnis zwischen Ländern und Regionen (und Gemeinden) gelten. Der Bund hat keine Kompetenz, auf Organisationsregelungen der Länder Einfluß zu nehmen. Dessenungeachtet erscheint es notwendig, die Verpflichtung zur Dezentralisierung bei der Formulierung des Gegenstromprinzips zu verstärken.

Die Vorschriften des § 1 Abs. 2 und 3 ROG sollten den heutigen Bedingungen angepaßt und insbesondere die Verpflichtung zur grenzüberschreitenden Zusammenarbeit präziser normieren (vgl. auch Hoppe, 1987) und zugleich die Fortentwicklung der jeweiligen "Brücken- und Verbindungsfunktionen" der Grenzregionen in besonderer Weise bestimmen.

Insgesamt wird auch zu prüfen sein, ob im § 1 Abs. 1 auch eine (weiterführende) Definition des Begriffes "Raumordnung" (oder Raumordnungspolitik) aufgenommen werden soll? Auf eine solche Definition ist für das ROG 1965 bewußt verzichtet worden, weil sich die Begriffsbildung seinerzeit in Wissenschaft und Praxis noch im Fluß befand und man eine einengende frühzeitige Fixierung vermeiden wollte.

Freilich hat sich diese Offenheit in der Folgezeit, insbesondere auf der jeweiligen horizontalen Abstimmungsebene, als ein gravierender Nachteil herausgestellt, weil viele Fachpolitiken und -administrationen raumordnungpolitische Grundsatzentscheidungen treffen (im Gesetzgebungsverfahren, insbesondere aber bei der Aufstellung und Finanzierung von in starkem Maße raumwirksamen Planungen und Maßnahmen), die jedoch sektoral "etikettiert" wurden (vgl. die Diskussionen über die Gesetze zu den Gemeinschaftsaufgaben nach Art. 91 a GG Ende der sechziger Jahre, Novelle des Flurbereinigungsgesetzes, neuerdings: Anwort des Bundesministers für Ernährung, Landwirtschaft und Forsten auf eine Große Anfrage "Zum ländlichen Raum und Landwirtschaft" (BT-Drs. 10/5384 v. 23.4.86)), und so eher aus der Sicht sektoraler Systemgesichtspunkte und von Ressortinteressen entschieden wurden und sich nicht oder nur in geringem Umfang am Maßstab der Verbesserung der Raum- und Siedlungsstruktur orientieren.

Es kann allerdings nicht beurteilt werden, ob eine solche Definition, die umfassend sein müßte, derzeit politisch durchsetzbar ist.

Zu § 2 ROG (Grundsätze der Raumordnung)

Bei den Grundsätzen des § 2 Abs. 1 ROG sind eine Vielzahl von Aussagen entbehrlich, weil diese

- z.T. überholt (z.B. der Begriff Landeskultur, Entlastungsorte) sind,
- z.T. nicht operationalisierbar (Abgrenzung von Gebieten mit ungesunden Lebensbedingungen = ungesunde Verdichtungsgebiete) waren,
- die Raumordnungspolitik in eine einseitige Richtung orientiert hat (Orientierung der Bedeutung von Teilräumen am Bundesdurchschnittswert: zurückgebliebene Gebiete),
- sich die Bedeutung von Sachverhalten im Zeitablauf geändert hat (Land- und Forstwirtschaft als wesentlicher Produktionszweig),

- sich bestimmte Instrumente als fragwürdig erwiesen haben (besondere Förderung der Gemeinden mit zentralörtlicher Bedeutung),
- bestimmte Aufgaben enthalten, die erledigt sind (statt verkehrs- und versorgungsmäßiger Aufschließung Vervollständigung von Systemen unter Berücksichtigung von Energie- und Ressourceneinsparung) (vgl. auch K.- H. Hübler, 1987)

Andere Grundsätze sind von der Sache und von den Begriffen überholt: Umwelt wird "medialisiert" und die Pflicht zur Landschaftserholung wird mit den Nutzungsansprüchen für die Erholung begründet (Grundsatz 7); die Begriffe "ungesunde" und "gesunde" Räume (Grundsätze 2 und 6) sind mißverständlich. Andere raumwirksame Sachverhalte, die auch aus Bundessicht wichtig sind, wie später noch dargestellt wird, sind in den Grundsätzen nicht enthalten.

Generell sollte in den Grundsätzen der Raumordnung ein Verzicht auf die Festlegung der verschiedenen Raumkategorien angestrebt werden, weil diese in der Vergangenheit eine konkrete planerische Relevanz nicht entfaltet haben (für analytische Zwecke ist eine gesetzliche Normierung entbehrlich). Statt dessen sollte der § 2 Abs. 1 Grundsätze (Leitaussagen) für bestimmte Raumfunktionen im Sinne einer funktionsräumlichen Arbeitsteilung enthalten. Der Raum sollte also geordnet (erhalten und im Ausnahmefall verändert werden) nach Maßgabe einer weitestmöglichen Erhaltung von Raum- und Siedlungsstrukturen in den vorgegebenen physischen (z.B. stofflichen und energetischen) (Belastungs-) Grenzen bei nachhaltiger Nutzung vorgegebener und voraussehbarer Möglichkeiten. Da der Potentialbegriff in der Raumforschung mehrdeutig verwendet wird (unter Potentialen werden z.T. auch nur ökonomisch relevante Potentiale wie Investitionen, Arbeitskräfte u.a. verstanden), erscheint die sich hier anbietende Verwendung des Begriffes Potentiale gefährlich; die Verwendung des Begriffes Möglichkeiten ist allerdings auch vieldeutig.

Dieses Prinzip der räumlichen Funktionsteilung in Gesellschaft und Wirtschaft wird auch im Rahmen der Wertewandeldiskussion kritisiert; die Kritik gilt sicher auch in gleicher Weise für entsprechende raumordnerische Konzepte. Im Bereich der Stadtplanung ist sie manifest und es wird versucht, durch Gegenkonzepte (Funktionsmischung) diese städtebauliche Entmischung aufzuheben. Gleichwohl ist diese funktionsräumliche Arbeitsteilung im regionalen oder größeren Maßstab eine bessere Raumnutzungsvariante als eine anzustrebene Gleichverteilung (Dispersion) der Raumnutzung (wenn auch auf bestimmte Standorte beschränkt) (vgl. dazu im Einzelnen die 3 Bände "Funktionsräumliche Arbeitsteilung" der Akademie für Raumforschung und Bundesplanung, Teil 1, 1981, Teil 2, 1984 und Teil III, 1986, Hannover; ferner Hoppe, 1986, S. 10).

Der o.g. Kritik wird zudem partiell insofern entsprochen, als Mehrfachnutzungen nicht ausgeschlossen werden sollen, sofern sie die Vorränge nicht in Frage stellen und zudem die Maßstäblichkeit der Vorranggebiete (etwa Mischung nach dem Schachbrettmodellvorschlag von Haber, 1979) beachtet werden kann.

Zu bedenken ist freilich, daß es keine Gründe für die Annahme gibt, daß in der Bundesrepublik in absehbarer Zeit entscheidende Veränderungen der Siedlungsstruktur, so wie in der Wachstumsphase in den 50iger und 60iger Jahren erwartet und Katastrophen ausgenommen, zu vermuten sind. Die Veränderungen werden sich vielmehr permanent auf den Rückgang der Bevölkerungszahl und der Arbeitsplätze erstrecken und hierbei einen raumordnungspolitischen Handlungsspielraum und wichtigen Auftrag zugleich eröffnen oder verbreiten: die Voraussetzungen dafür zu schaffen, daß "geordnete räumliche Schrumpfungsstrategien" (insbesondere wegen des zu erwartenden Einwohnerrückganges) Platz greifen, Versorgungs- und andere Systeme vornehmlich durch Organisationsänderungen noch funktionsfähig bleiben und die Freiheitsrechte (Entfaltungsmöglichkeiten) des Einzelnen verbreitert und zugleich die Chancen der Wiederherstellung oder

Sicherung natürlicher Systeme in bestmöglichem Umfang genutzt werden.

Die Formulierung einer solchen Konzeption als die künftigen Grundsätze der Raumordnung, so schwer dies gesetzestechnisch auszuführen sein mag, könnte eine zukunftsweisende Neuorientierung der Raumordnung auf den verschiedenen Ebenen erleichtern und zugleich den Zwang auslösen, sich wieder stärker mit langfristigen Perspektiven zu befassen. Eine Vielzahl der von Oldemeyer beschriebenen Trends der Wertveränderungen wären in einer solchen Konzeption zu verorten. Ob darüberhinaus in diese Grundsätze noch spezielle sektorale und aktuelle Probleme aufgenommen werden sollen, hängt mit der Beantwortung der Frage zusammen, ob es gelingt, in § 1 eine allgemeine Raumordnungsdefinition aufzunehmen.

Wenn solche sektoralen Aspekte aufgenommen werden sollen, müssten über die von W. Hoppe (1976) genannten Aspekte des Bodenschutzes[11] und der Sicherung der Rohstoffversorgung weitere aktuelle Probleme aufgeführt werden, z.B.:
- regionale Energieversorgung,
- Verkehr (Straße/Schiene),
- Walderhaltung;
- Neuordnung der Flächennutzung einschließlich des Verhältnisses zur Flurbereinigung,
- regionale Biotopverbundsysteme (vgl. Aktionsprogramm Ökologie, 1983)
- Freizeit und Sport (Konzentration der Einrichtungen an bestimmten Standorten und ökologische Gefährdungen, z.B. in den Alpen, im Wattenmeer).

Eine zentrale Änderungsnotwendigkeit ergibt sich für den § 2 Abs. 2 ROG (Abwägungsklausel). Auch vor dem Hintergrund höchst-

---

[11] Die Frage, ob auch die Altlastensanierung zur Aufgabenstellung der Raumordnung im Allgemeinen gehört, ist noch nicht diskutiert (Bewertung, Prioritäten, auf welchen Standard hin soll saniert werden?).

richterlicher Entscheidungen (z.B. Urteil des BVerWG, E 45.309 (326)), in dem Belange des Umweltschutzes anderen Belangen (Nutzungsansprüchen) gegenübergestellt werden, muß die Unvergleichbarkeit der ökologischen Erfordernisse mit wirtschaftlichen Interessen normiert werden. Es sind verschiedene Ebenen. Die wesentlichen Aussagen hierzu sind bereits beim Vorschlag zu § 1 Abs. 1 ROG dargestellt worden. Nicht nur die konkrete Betroffenheit kann zum Maßstab eines Abwägungsvorganges gemacht werden, sondern ebenso müssen die Aspekte der Reversibilität, der Fristigkeit, der Ausgleichsmöglichkeiten, der Funktionsfähigkeit von Systemen und schließlich die ehtische Dimension herausgezogen werden.

Dabei kann es nicht darum gehen, das Problem der Erhaltung der Natur jeglichen gesellschaftlichen und juristischen Abwägungsentscheidungen zu entziehen; auch in Zukunft werden raumordnerische Entscheidungen unumgänglich sein, die Naturveränderungen zur Folge haben. Gleichwohl müssen die Maßstäbe der Abwägung entsprechend dem derzeitigen Erkenntnisstand, den Werthaltungen und den Risiken in dieser Abwägungsklausel anders gefaßt werden. Da es sich im Regelfall nicht um Zielkonflikte mit dem Umweltschutz handelt, sondern um den Konflikt Erhaltung von Systemen und wirtschaftlichen Nutzungsinteressen (oder gesellschaftlichen wie z.B. bei Infrastrukturmaßnahmen) ist auch die 1972 formulierte Abwägungsklausel der MKRO, wie Hoppe (1986) vorschlägt, für die Aufnahme in das ROG nicht hinreichend. Da diese zudem noch von einer anthroprozentrischen Nutzungsvorstellung ausgeht (Beeinträchtigung der Lebensverhältnisse, Sicherung der Lebensbedingungen der Bevölkerung) bestehen Bedenken, sie so in das ROG zu übernehmen.

6.3 Änderungen des Planungsverständnisses

Die hier gemachten Vorschläge sind der Versuch, vor dem Hintergrund der Veränderungen von Werten, einen Beitrag zur Diskus-

sion der materiellen Ziele und Grundsätze der Raumordnung zu
leisten. Sie könnten dazu geeignet sein, die raumordnungspolitischen Probleme der neunziger Jahre mit zu lösen. Freilich
wird nicht nur eine Anpassung der Ziele und Grundsätze erforderlich werden, sondern zugleich werden Änderungen im Planungsverständnis erforderlich sein (vgl. auch Schindegger, 1985). Da
dies nur mittelbar mit dem Thema Wertewandel im Zusammenhang
steht, werden abschließend dazu noch einige allgemeine Hinweise
gegeben.

Da für die künftige Veränderung der Raum- und Siedlungsstruktur
ein einheitliches - wenn auch noch so grob formuliertes - Leitbild kaum geeignet sein wird, weder die derzeitigen noch die
zukünftigen raumordnungspolitsichen Probleme zu lösen, kommen
der Erarbeitung alternativer dezentraler Varianten zur Raum-
und Siedlungsstruktur besondere Bedeutung zu (also keine Kon-
fektionsware sondern maßgeschneiderte Einzelanfertigungen).

Die Szenario-Technik könnte ein geeignetes Verfahren sein, die
Denkweise der Politiker und Planer in diese Richtung fortzuentwickeln.

Bei der Szenario-Technik handelt es sich um eine Technik der
primär qualitativen Simulation. Das heißt, mit Anwendung dieser
Technik werden Eigenschaften bestimmter Zusammenhänge vor allem
qualitativ beschrieben. Es wird also - im Gegensatz zur herkömmlichen und in der Raumordnung vornehmlich verwendeten Prognose
- von vornherein darauf verzichtet, zu quantifizieren.

Dieses eher argumentative Verfahren zur Beschreibung künftig
wahrscheinlicher oder möglicher Konstellationen und Entwicklungen hat mindestens den Vorteil, daß auch Sachverhalte einbezo-
gen werden können, die bei traditionellem Vorgehen außerhalb
des Ansatzes bleiben, weil sie datenmäßig nicht belegbar und
zahlenmäßig nicht meßbar sind. Die Stärke dieser Technik besteht darin, komplexe Entwicklungen darstellen und wichtige

Einflußfaktoren, Beziehungsmuster und mögliche Vernetzungen ermitteln und auch die Nebenwirkungen besser erfassen zu können.

In der Vergangenheit sind auch für die Bundesrepublik Versuche unternommen worden, solche Szenarios aufzustellen (vgl. BLFR, 1982; LET, 1981). In ihnen sind eine Reihe von Sachverhalten angesprochen und bewertet worden, die für die vorgeschlagene Fortentwicklung von Zielen interessant und nützlich sein können. Gleichwohl werden diese Ergebnisse für die hier genannten Zwecke nur bedingt brauchbar sein, weil

- im Prinzip vom "alten" Leitbild der Raumordnung als Zielrahmen ausgegangen wurde

  und

- weil die Veränderungen in den Werthaltungen (z.B. im Hinblick auf die Umweltproblematik) in diesen Arbeiten, die Anfang der 80er Jahre fertiggestellt wurden, nicht im heute erkennbaren Umfang berücksichtigt wurden.

Die Ergebnisse dieser Arbeiten wurden von der Politik und Administration nicht adaptiert (vgl. Programmatische Schwerpunkte zur Raumordnung, a.a.O., Raumordnungsbericht 1986). Wenn auch die Gründe für die mangelnde Akzeptanz der genannten Arbeiten nicht bekannt sind, so wird dennoch vorgeschlagen, über Einbeziehung der in Abschnitt 4.7 skizzierten Schweizer Vorgehensweise für die Raumordnung, Landes- und Regionalplanung diese Technik verstärkt anzuwenden und dabei auch von unterschiedlichen Werthaltungen auszugehen. Das Denken in Alternativen könnte sowohl bei einer Vorbereitung einer Gesetzesnovelle zum ROG nützliche Erkenntnisse vermitteln als auch eine Überprüfung der Validität der Ergebnisse zum Wertewandel an konkreten regionalen Fallbeispielen erleichtern. Zudem hätte es den Vorteil, die örtlich Betroffenen soweit als möglich in eine solche Szenario-Erarbeitung miteinzubeziehen.

Wie oben bereits dargestellt, kann sich die Raumordnungspolitik, will sie ihren Auftrag und Anspruch aufrecht erhalten, nicht nur auf die Klärung von Standort- und Trassenfragen zurückziehen, sondern die Einbeziehung qualitativer Aspekte setzt auch eine Auseinandersetzung mit dem "wie" (der Raumnutzung) und dem "ob" voraus. Deshalb erscheint eine weitere Änderung erforderlich: In § 4 Abs. 1 ROG sind die dort verwendeten Begriffe "raumbedeutsame Planungen und Maßnahmen" sowie "raumwirksame Investitionen" zu ersetzen durch Aussagen, die qualitative Aspekte einbeziehen. Die vorwiegend flächen- und investitionsbezogen und so ausgelegten Begriffe müssen auf stoffliche und energetische Veränderungen in den Räumen erweitert werden, um so die qualitativen Merkmale mit erfassen zu können.
Um die Problematik am Beispiel des Waldsterbens zu belegen: Die Schadstoffeinträge im Wald sind nach heutigem Selbstverständnis nicht raumwirksam oder bedeutsam; sie scheinen fachliche Aufgaben des Immissionsschutzes und der Forstwirtschaft zu sein; dies umso mehr, weil mit der Politik der hohen Schornsteine die Schäden flächendeckend - wenn auch in regional unterschiedlichem Ausmaß - auftreten. Daß die Wirkungen dennoch die Lebensqualität und wirtschaftlichen Entfaltung ganzer Regionen beeinträchtigen, braucht nicht besonders belegt zu werden. Solange die qualitativen Veränderungen des Waldbodens nicht expressis verbis auch als raumbedeutsam deklariert werden, solange kann die Raumordnung diese Veränderungen allenfalls nachrichtlich zur Kenntnis nehmen und als Sektoaralmaßnahme dokumentieren; Einfluß nehmen will oder wird sie aus ihrem derzeitigen Selbstverständnis heraus kaum.

Insofern erscheint eine Neuinterpretation der o.g. Begriffe, die die (fachlichen) Grenzen der Raumordnung betrifft, notwendig. Freilich wird dies voraussichtlich nicht das Wohlwollen etablierter Sektoradministrationen hervorrufen. Dieses Problem könnte dann besser gelöst werden als bisher, wenn die Aufgabe der Raumordnungspolitik - wie oben vorgeschlagen - im § 1 eines zu novelierenden ROG präzise und umfassend definiert werden könnte.

Quellenverzeichnis

ABERLE, G. (1986):   Notwendigkeiten und Möglichkeiten einer
verbesserten Koordination von Verkehrspoli-
tik und Raumordnung.
in: Gestaltung künftiger Raumstrukturen
durch veränderte Verkehrskonzepte,
Hannover

AFHELDT, H. (1984):   Perspektiven des Sturkturwandels - struk-
turpolitische Handlungsmöglichkeiten.
in: Koordination von Raumordnung und Strukturpolitik, Hannover

AKADEMIE FÜR RAUM-   Funktionsräumliche Arbeitsteilung
FORSCHUNG UND   Teil   I, 1981
LANDESPLANUNG   Teil II, 1984
(Hrsg.):   Teil III, 1986 Hannover

ALTNER, G. (1985):   Umwelt-Mitwelt-Nachwelt: Umweltethik als
Voraussetzung individuellen und gesell-
schaftlichen Handelns
in: Wissen für die Umwelt
(Hrsg.: M. Jänicke, U. E. Simonis, G.),
Weigmann, Berlin-New York

AMERY, G. (1978):   Natur und Politik, Reinbeck

AYRES, R. (1978)   Ressources, environment and economics,
New York

BARTEL, G.   Auswirkungen erhöhter Freizeit und geän-
DÖBRITZ, W.   derten Freizeitverhaltens auf Umwelt und
HUCKE, J.   Wirtschaft, unveröffentlichtes Manuskript,
et. al. (1986):   Berlin (Institut für Stadtforschung und
Strukturpolitik)

BARTELT, M. (1979): Werte und Wertewandel in der Industriegesellschaft
in: Arnoldshainer Protokolle, 5/80,
Arnoldshain

BELL, D. (1976):   Die nachindustrielle Gesellschaft,
Frankfurt/New York

BILDAT, M. (1985):   Umweltbewußtsein und Wertewandel,
Diplomarbeit am FB 14 der TU Berlin,
(Manuskript) Berlin

BIRG, H. (1986):   Regionales Humankapital und räumliche Mobilität,
in: Entwicklung und Humankapital
Arbeitsmaterial der ARL, Nr. 120,
Hannover

BLFR (1982):   Langfristszenario zur Raumentwicklung,
(Hrsg.)   Themenheft mit zahlreichen Einzelbeiträgen,
                       Heft 8

BMBau (1972):   Denkschrift der MKRO: Raumordnung und Um-
(Hrsg.)   weltschutz

BMBau (1975):   Raumordnungsprogramm für die großräumige
(Hrsg.)   Entwicklung des Bundesgebietes
                       (Bundesraumordnungsprogramm, BROP), von der
                       MRKO am 14.2.1975 beschlossen.
                       Schriftenreihe BMBau, 06.002,
                       Bonn-Bad Godesberg

BMBau (1985):   Bevölkerung und Arbeitsplatzentwicklung in
(Hrsg.)   den Raumordnungsregionen 1978-1995
                       Schriftenreihe Raumordnung 06.055,
                       Bonn-Bad Godesberg

BOOTE, A. (1986):   Bodenschutz durch räumliche Planung,
                       Münster

von BORRIES, H.-W.   Ökonomische Grundlagen der westdeutschen
(1969):   Siedlungsstruktur
                       Abh. der Akademie für Raumforschung und
                       Landesplanung, Bd. 56, Hannover

BOSSEL, H. (1978):   Bürgerinitiativen entwerfen die Zukunft,
                       Neue Leitbilder, Neue Werte
                       30 Szenarien
                       Frankfurt/M.

BOWER, B.T. (1972):   Environmental Quality Analysis
                       Baltimore - London

BRAYBROOKE, D.,   A strategy of decicion
LINDBLOM, C. E.   Policy evaluation as a social process,
(1963):   New York (Deutsche Übersetzung: Zur Strate-
                       gie der unkoordinierten kleinen Schritte
                       in: Planung und Information
                       (Hrsg.: Fehl, Fester, Kunert)
                       Gütersloh, 1972)

BRÖSSE, U. (1975):   Raumordnungspolitik
                       1. Auflage,
                       Berlin - New York

ders. (1982):   Raumordnungspolitik
                       2. Auflage,
                       Berlin - New York

BUCHER, H.-J.,   Regionalisierte Prognose der privaten
RUNGE, U. (1984):   Haushalte in der Bundesrepublik Deutschland
                        bis zum Jahr 2000
                        in: Informationen zur Raumentwicklung
                        Heft 12, S. 1181 - 1202

BUNDESMINISTER DES   Abschlußbericht der Projektgruppe
INNERN (1983):   "Aktionsprogramm Ökologie",
(Hrsg.)   Umweltbrief Nr. 29,
                        Bonn

BUNDESMINISTER FÜR   Politik, Wertewandel, Technologie -
FORSCHUNG UND   Ansatzpunkte für eine Theorie der sozialen
TECHNOLOGIE (Hrsg.)   Entwicklung,
(1982):   Düsseldorf - Wien

BUNDESVERBAND DER   Industrie und Ökologie, Köln
DEUTSCHEN INDUSTRIE
(BDJ) (Hrsg.)
(1984):

BUTTLER, F. (1977):   Grundlagen der Regionalökonomie,
GERLACH, K.   rororo-Studium,
LIEPMANN, P.   Reinbeck

DEUTSCHE SHELL AG   Shell Prognose des PKW-Bestandes bis zum
(Hrsg.) (1983):   Jahr 2000
                        Aktuelle Wirtschaftsanalysen Nr. 16,
                        Hamburg

DEUTSCHER BUNDESTAG   Umweltprogramm der Bunderegierung vom
DRUCKSACHE VI/2710:   14.10.1971

DEUTSCHER BUNDESTAG   Antwort der Bundesregierung auf eine große
DRUCKSACHE 10/5340:   Anfrage betr. Ländlicher Raum und Landwirt-
                        schaft, vom 23.4.1985

DEUTSCHER BUNDESTAG   Programmatische Schwerpunkte der Raumord-
DRUCKSACHE 10/3146:   nung vom 3.4.1985

DEUTSCHER BUNDESTAG   Raumordnungsbericht der Bundesregierung
DRUCKSACHE 10/6027:   1986

DEUTSCHER BUNDESTAG   Leitlinien der Bunderegierung zur Umwelt-
DRUCKSACHE 10/6028:   vorsorge durch Vermeidung und stufenweise
                        Vermeidung von Schadstoffen vom 19.9.1986

DEUTSCHER BUNDESTAG   Beschlußempfehlung und Bericht des Aus-
DRUCKSACHE 10/6366:   schusses für Raumordnung, Bauwesen und
                        Städtebau
                        (16. Ausschuß) des Deutschen Bundestages
                        zum Entwurf eines Gesetzes zur Verbesserung
                        des Umweltschutzes in der Raumordnung und
                        im Fernstraßenbau vom 6.11.1986

DEUTSCHER BUNDESTAG   Jugendprotest im demokratischen Staat,
(Hrsg.) (1983):   II. Schlußbericht 1983 der Enquéte-Kommis-
                      son des Deutschen Bundestages,
                      Bonn

DEUTSCHER GEWERK-   Umweltschutz und qualitatives Wachstum,
SCHAFTSBUND (DGB)   Düsseldorf
(1986):

DEUTSCHER LAND-   Thesen zu aktuellen Fragen:
KREISTAG (1986):   - Überprüfung des Raumordnungsgesetzes
                      - Umweltverträglichkeitsprüfung u. a.,
                      (Manuskript), Bonn

DITTRICH, E.   Zum Begriff des "Leitbildes", in:
(1958):   Informationen, 8. Jg. Heft 1, 1958

DITTRICH, E.   Raumordnung und Leitbild,
(1962):   in: Schriftenreihe des Institutes für Städ-
                      tebau, Raumplanung und Raumordnung der TH
                      Wien, Wien

ELLENBERG, H.   Ziele und Stand der Ökosystemforschung
(1973):   in: Ellenberg, H. (Hrsg.): Ökosystemefor-
                      schung (S. 1-31), Berlin

ERNST, W. (1970):   Stichwort: Leitbilder der Raumordnung,
                      in: HdRuR, Bd. II, Hannover

FIETKAU, H.-J.   Ökologisches Denken in westlichen
(1982):   Industrienationen,
                      JJUG/dp-82-9, Berlin

FINKE, L. (1986):   Landschaftsökologie,
                      Braunschweig

FÜRST, D. (1985):   Boden als Gegenstand der Landes- und Regio-
                      nalplanung,
                      in: Bodenschutz als Gegenstand der Umwelt-
                      politik (Hrsg.: K.-H. Hübler),
                      Berlin

FÜRST, D.,   Umwelt-Raum-Politik, Berlin
NIJKAMP, P.,
ZIMMERMANN, K.
(Hrg.) (1986):

GEHRMANN, F.   Sozialindikatoren,
(1982):   Ein Lehrbeispiel für Umweltindikatoren,
                      Berlin

GEIßLER, C. (1986):   Humanressourcen als Entwicklungsfaktor
                       in: Bevölkerungsentwicklung und Humankapi-
                       tal,
                       Arbeitsmaterial der ARL, Nr. 120
                       Hannover

HABER, W. (1979):   Raumordnungskonzepte aus der Sicht der
                       Ökosystemforschung
                       in: Die ökologische Orientierung der Raum-
                       planung,
                       FuS. Bd. 131, Hannover

HAHN, E. (1983):   Zukunft der Städte,
                       JJUG dp 83-10, Berlin

HANSMEYER, K.-H.   Staatswirtschaftliche Planungsinstrumente,
RÜRUP, B. (1975):   2. Auflage, Tübingen/Düsseldorf

HARMANN, W. W.   An Incomplete Guide to the Future,
(1976):   Stanford

HARTKOPF, G.   Umweltverwaltung - eine organisatorische
(1986):   Herausforderung
                       (Vortrag anläßlich der Tagung des Deutschen
                       Beamtenbundes, 8.1.86, Bad Kissingen, Ma-
                       nuskript)

HILLMANN, K.-H.   Werteverfall und Aufgabe einer Neuorien-
(1979):   tierung in einer Zeit der Umweltkrise
                       in: Wertewandel und gesellschaftlicher
                       Wandel
                       (Hrsg.: H. Klages, P. Kmieciak),
                       Frankfurt/New York

HIRSCH, E.E.   Soziale Werte,
(1969):   in: Wörterbuch der Soziologie
                       (Hrsg.: W. Dendorf)
                       Stuttgart

HLADKY, M.   Szenarien für die langfristige Raument-
SILVAN, J. (1982):   wicklung in der CSSR,
                       in: Stadtbauwelt 1982, S. 1009

HOPPE, W.   Vorschläge und Überlegungen zur Novellie-
APPOLD, W. (1986)   rung des Raumordnungsgesetzes (ROG) unter
                       Berücksichtigung der Entstehungsgeschichte
                       des Gesetzes,
                       in: DVBl. 15.2./1.3.87

HÜBLER, K.-H.   Kritik zum strategischen Ansatz der Bun-
(1979):   desraumordnung
                       in: Raumforschung und Raumordnung
                       Heft 3/1979

ders.
(1981):
Räumlich-funktionale Aufgabenteilung
- Anmerkungen zu einer Bestimmung des § 1
Abs. 1 ROG: Die natürlichen Gegebenheiten
sind zu beachten, in: Zeitschrift für Umweltpolitik (ZfU), Heft 1/1981, S. 1-26

ders.
(1985):
Zum Stand der aktuellen (räumlich relevan-
ten) Ökologiediskussion: Konvergenzen und
Abweichungen zum Konzept der funktionsräum-
lichen Arbeitsteilung, in: Funktionsräum-
liche Arbeitsteilung als ein Konzept der
Raumordnungspolitik,
Arbeitsmaterial der ARL, Nr. 104.
Hannover

ders.
(1985):
Regionales Entwicklungspotential
in: Raumforchung und Raumordnung,
Heft 1/1985

ders.
(1986):
Bodenschutz durch bessere Planungsgrund-
lagen
in: Bodenschutz, räumliche Planung und
kommunale Strategien
Hrsg.: BLFR, Heft 21, S. 121

ders.
(1986):
Wertewandel und Raumordnung,
in: Umweltvorsorge durch Raumplanung,
Schriftenreihe des Österreichischen Instituts für Raumplanung,
Bd. 13, Wien

ders.
(1987):
Wechselwirkungen zwischen Raumordnungspolitik und Umweltpolitik,
in: Wechselseitige Beeinflussung von Umweltvorsorge und Raumordnung,
FuS. Bd. 165, Hannover

HÜBLER, K.-H.
SCHARMER, E.
WEICHTMANN, K.
WIRZ, S. (1980):
Zur Problematik der Herstellung gleichwer-
tiger Lebensverhältnisse,
Hannover

IMMLER, H. (1985):
Natur in der ökonomischen Theorie,
Opladen

INGERFURTH, H. W.
PLAMPER, S. (1984):
Stadtraum - Lebensraum
Wieder Platz für Menschen?
in: Leben im Jahr 2000
Hrsg.: R. Mackensen, E. Umbach, R. Jung,
Berlin

INGLEHART, R.
(1982):
Changing Volues and the Rise of Environ-
mentalism in Western Societies,
IIUG-pre 82-14, Berlin

ISENBERG, G.   Zur Geschichte der Raumordnung aus persön-
(1971):   licher Sicht, in: Raumordnung und Landes-
                      planung im 20. Jahrhundert,
                      Hannover

JÄNICKE, M. (1983):   Superindustrialismus und Postindustrialis-
                      mus - Langzeitperspektiven von Umweltbela-
                      stungen und Umweltschutz
                      in: Wissen für die Umwelt
                      Hrsg.: M. Jänicke, U. E. Simonis, G. Weig-
                      mann, Berlin - New York

JÄNICKE, M. (1985):   Vor uns die goldenen neunziger Jahre?
(Hrsg.)   Langzeitprognosen auf dem Prüfstand
                      München

JONAS, H. (1979):   Das Prinzip Verantwortung,
                      Frankfurt/M.

JUNG, R. (1984):   Städte im Umbruch: Die Verstädterung geht
                      weiter - aber wie?, in: Leben im Jahr 2000
                      (Hrsg.: R. Mackensen, E. Umbach, R. Jung),
                      Berlin

KESSEL, H. (1983):   Umweltprobleme: Wahrgenommene Zukunftschan-
                      cen, JJUG-pre 83-4,
                      Berlin

KESSEL, H. (1983)   Stand und Veränderung des Umweltbewußtseins
                      in der Bundesrepublik Deutschland, England
                      und den Vereinigten Staaten,
                      JJUG/dp 83-9, Berlin

KESSEL, H. (1984):   Umweltbewußtsein - Ökologische Wertvor-
TISCHLER, W.   stellungen in westlichen Industrienationen,
                      Berlin

KIMMINICH, D.   Eigentum und private Naturgüternutzung,
(1983):   in: Natur + Recht, 5. Jg., Heft 1/1983

KLAGES, H. (Hrsg.)   Wertewandel und gesellschaftlicher Wandel,
KMIECIAK, P.   Frankfurt
(1979):

KLAGES, H. (1981):   Wertewandel und Wertverlust in der Gegen-
                      wartsgesellschaft
                      in: Öffentliche Meinung und sozialer Wandel
                      (Hrsg.: H. Baier, H. M. Kepplinger, K.
                      Raumann),Opladen

KLAGES, H. (1983):   Wertorientierung und Staatsbezug,
HERBERT, W.   Frankfurt, New York

KLAGES, H. (1985):   Wertewandel und Wohnungsbau
                      in: Stadt, Heft 4/1985, S. 3-7

KITTELMANN, G.
HÜBLER, K.-H.
(1984):
Wirkungsanalysen und Erfolgskontrolle in
der Praxis der Raumordnung, Landes- und
Regionalplanung, in: Wirkungsanalysen und
Erfolgskontrolle in der Raumordnung,
Bd. 154 FuS Bd. 154, Hannover

KLOTEN, N. (1967): Utopie und Leitbild im wirtschaftspoliti-
schen Denken,
Kyklos XX, S. 334

KRUSE, J. (1974): Energiebilanzen,
in: Wirtschaftswissenschaftliches Studium
(WiSt), Heft 8, S. 394-397

LAU, C. (1975): Theorien gesellschaftlicher Planung - Eine
Einführung, Stuttgart, Berlin, Köln, Mainz

LADEUR, K.-H.
(1985):
Die rechtliche Kontrolle planerischer
Prognosen, in: Natur + Recht, Heft 3/1985

LENDI, M. (1986): Neue Akzente in der Raumplanung,
in: Neue Züricher Zeitung
17.2.1986, S. 19

LENDI, M. (1986):
ELSASSER, H.
Raumplanung in der Schweiz. Eine Einführung
2. Aufl., Zürich

LEONTIEF, W.

(1970):
Environmental Repercussions and the Econo-
mic
Structure: An Input-Output Approach
in: The Review of Economics and Statistics
52, S. 262-271

LET, (1981): Lanfristig raumrelevante Entwicklungsten-
denzen, Kontrastszenario,
Zürich (unveröffentlicht)

LÖW, A. (1985): Zwei Szenarien für die Bundesrepublik
Deutschland,
in: Vor uns die goldenen neunziger Jahre?
(Hrsg.: M. Jänicke), München - Zürich

LÜBBE, H. (1984): Der Wertewandel und die Arbeitsmoral,
Köln

LUTHER, P. (1985):
NORDALM, V.
VESER, J.
Ziele der Wohnungspolitik in den 80er und
90er Jahren, Teil II:
Entwicklung der Zielgruppen und Einfluß des
Wertewandels (Institut für Stadtforschung
und Strukturpolitik, Berlin, und AWOS GmbH,
Bochum (unveröffentlicht))

MACKENSEN, R.
UMBACH, E.
JUNG, R. (Hrsg.)
(1984):
Leben im Jahr 2000 und danach,
Berlin

MÄDING, H. (1984):   Renaissance für Leitbilder in der Raumpla-
                       nung, in: Raumforschung und Raumordnung,
                       Heft 6, s. 265-271

MARX, D. (1987):   Normative Bemerkungen zum Zusammenwirken
                       von Umweltvorsorge und Raumordnung und
                       Landesplanung, in: Wechselseitige Beein-
                       flussung von Umweltvorsorge und Raumordnung
                       FuS. Bd. 165, Hannover

MILDNER, S. (1978):   Die Problemanalyse im Planungsprozeß,
                       Nr. 10 der Schriftenreihe des IFR,
                       Karlsruhe

MÜLLER-WENK, R.   Die ökologische Buchhaltung,
(1980):   Frankfurt/M.

NASCHOLD, F.   Alternative Raumpolitik,
(1978):   Kronberg

NOELLE-NEUMANN, E.   Werden wir alle Proletarier?,
(1978):   Zürich - Osnabrück

OLDEMEYER, E.   Zum Problem der Umwertung von Werten
(1979):   in: Wertewandel und gesellschaftlicher
                       Wandel (Hrsg.: H. Klages, P. Kmieciak),
                       Frankfurt - New York

ORL-INSTITUT   Landesplanerische Leitbilder der Schweiz,
(Hrsg.) (1971):   Schlußbericht, 3. Bd. mit Plankassette
(Institut für   Zürich
Orts-, Regional-
und Landesplanung
der ETH Zürich)

PARTZSCH, D.   Das Internationale Leitbild für das Boden-
(1984):   seegebiet, ein Beitrag zur Lösung der
                       grenzüberschreitenden Raumordnungsprobleme
                       des Bodenseegebietes, in: Raumforschung und
                       Raumordnung, Heft 6, S. 262

PLANK, U. (1986):   Wertewandel und demographische Veränderun-
                       gen,Beiträge der ARL, Bd. 91,
                       S. 27-48, Hannover

PROJEKTGRUPPE   Perspektiven ökologischer Wirtschafts-
GRÜNER MORGENTAU   politik, Frankfurt/M.
(Hrsg.) (1986):

RAFFÉE, H. (1983):   Das gesellschaftliche Bewußtsein in der
WIEDMANN, K. P.   Bundesrepublik und seine Bedeutung für das
                       Marketing, Hamburg

RAUMORDNUNGSGESETZ   Raumordnungsgesetz des Bundes (ROG) vom
DES BUNDES (ROG):   8.4.1965 einschließlich der später erfolg-
                       ten Novellierungen,
                       BGBL I, S. 306

von RECUM, H.   Dimensionen des Wertewandels,
(1984):   in: Beilage zur Wochenzeitung des Parla-
                       ments, B 25/84

REICHE, J. (1984):   Ökologie und Zivilisation und der Mythos
                       von den "natürlichen Kreisläufen",
                       in: Die Linken neu denken?, Berlin

ROLOFF, H. (1938):   Raumordnungspläne,
                       in: Raumforschung und Raumordnung
                       Heft 2

ROTACH, M. (1973):   Landesplanerische Leitbilder der Schweiz
                       ORL-Institut, Zürich

ROTACH, M. (1973):   Raumplanerisches Leitbild der Schweiz,
                       CK-73, Bern

SARO-GUTACHTEN   (Gutachten des Sachverständigenauschusses
(1961):   Raumordnung): Die Raumordnung in der Bun-
                       desrepublik Deutschland,
                       Stuttgart

SAUTTER, H. (1984):   Können wir weniger Menschen besser unter-
                       bringen?
                       in: Leben im Jahr 2000 und danach
                       (Hrsg.: R. Mackensen, E. Umbach, R. Jung),
                       Berlin

SCHELSKY, H.   Über Abstraktheiten des Planungsbegriffes
(1969):   in den Sozialwissenschaften,
                       in: Zur Theorie der allgemeinen und der
                       regionalen Planung (Hrsg.: Zentralinstitut
                       für Raumplanung an der Universität
                       Münster),Bielefeld

SCHEUCH, E. (1984):   Tonbandabschrift des Vortrages zur Jahres-
                       tagung der Akademie für Raumforschung und
                       Landesplanung in Berlin 1984 (unveröffent-
                       licht)

SCHINDEGGER, F.   Zur Notwendigkeit ökologisch orientierter
(1985):   gesamtstaatlicher Raumordnung
                       in: Mittteilungen des Österreichischen
                       Institutes für Raumplanung, 1/1985,
                       Wien

SCHNORBUS, A.   Wie fleißig sind die Deutschen?
(1983):   FAZ, 16.7.83

SCHRAMM, E. (1984): Ökologie-Lesebuch, ausgewählte Texte zur
(Hrsg.)   Entwicklung ökologischen Denkens,
                  Frankfurt/M.

SCHULTZE, H.-J.   Die Ziele der Raumordnung und Landesplanung
(1973):   als Rechtsbegriff, in: Schriftenreihe re-
                   gionaler Bildungs- und Entwicklungsplanung,
                   Bd. 20, Hannover

SENING, C. (1985): Boden als privates Gut,
                   in: Bodenschutz als Gegenstand der Umwelt-
                   politik,
                   (Hrsg.: K.-H. Hübler), Berlin

SINIUS-INSTITUT   Die verunsicherte Generations-Jugend und
(1983):   Wertewandel, Opladen

SPIEGEL, E. (1986): Neue Haushaltstypen - Entwicklunsbedingun-
                    gen, Wohn- und Lebensalternativen, räum-
                    liche Auswirkungen
                    in: Bevölkerungsentwicklung und Humankapi-
                    tal,
                    Arbeitsmaterial der ARL Nr. 120,
                    Hannover

STACHOWIAK, H.   Bedürfnisse, Werte und Normen im Wandel
ELLWEIN, T. (1982): 2. Bd.
HERRMANN, T.   München - Paderborn - Wien - Zürich
STAPF, K. (Hrsg.)

STIENS, G. (1982): Mögliche Entwicklungsmuster künftiger Sub-
                   urbanisierung. Eine Auswertung alternativer
                   Langfristszenarien für hochverdichtete
                   Regionen,
                   in: IzR, Heft 11/12, S. 939-957

STORBECK, D.   Gesellschaft und Raum
(1982):   in: Grundriß der Raumordnung,
                   Hannover

STRUMPEL, B.   Ökologische Gefühle - technokratische Ar-
(1985):   gumente, in: Wissen für die Umwelt
                   (Hrsg.: M. Jänicke, U. E. Simonis, G. Weig-
                   mann), Berlin - New York

THOSS, R. (1973): Ein integriertes Optimierungsmodell für die
                   Planung des Umweltschutzes
                   in: Planung für den Schutz der Umwelt
                   Materialien zum Siedlungs- und Wohnungswe-
                   sen und zur Raumplanung Bd. 2
                   (Hrsg.: Ernst, W. und Thoss, R.),
                   Münster

UMLAUF, J. (1958): Wesen und Organisation der Landesplanung,
                   Essen

ders. (1986):   Zur Entwicklungsgeschichte der Landespla-
                       nung und Raumordnung,
                       Hannover

VESTER, F. (1976):   Ballungsgebiete in der Krise,
von HESLER, A.   München

VESTER, F. (1980):   Sensitivitäsmodell,
                       (Hrsg.: Planungsgemeinschaft Untermain),
                       Frankfurt

WEIMANN, B.   Umweltschutz und Technologie,
(1985):   Wortprotokoll des Umweltforums 1985
                       (Hrsg.: Arbeitsgemeinschaft für Umweltfra-
                       gen (AGU), S. 7, Bonn

ZIMMERMANN, K.   Umweltschutz und regionale Entwicklungs-
NIJKAMP, P. (1986):   politik-Konzepte - Inkonsistenz und inte-
                       grative Ansätze
                       in: Umwelt-Raum-Politik, Ansätze einer
                       Integration von Umweltschutz, Raumplanung
                       und regionaler Entwicklungspolitik,
                       Berlin

ZIPP, G. (1977):   Ziele und Zielfindungsprozesse in der Raum-
                       ordnungspolitik, Augsburg

FORSCHUNGS- UND SITZUNGSBERICHTE
DER AKADEMIE FÜR RAUMFORSCHUNG UND LANDESPLANUNG

Band 166

UMWELTVERTRÄGLICHKEITSPRÜFUNG IM RAUMORDNUNGSVERFAHREN NACH EUROPÄISCHEM GEMEINSCHAFTSRECHT

Inhalt

Der Band umfaßt 135 Seiten; Format DIN B 5; 1986; Preis 24,- DM
Best.-Nr. 769

Auslieferung

CURT R. VINCENTZ VERLAG HANNOVER